改变，从阅读开始

漢唐陽光·HTYG

OG MANDINO

THE GREATEST SALESMAN IN THE WORLD

世界上最伟大的推销员

1968~2018 五十周年珍藏纪念版

[美] 奥格 · 曼狄诺 著

安辽 汪礼 译

世界知识出版社

图书在版编目（CIP）数据

世界上最伟大的推销员／（美）奥格·曼狄诺著；安辽　汪礼译.
—3版.—北京：世界知识出版社，2018.12
（奥格·曼狄诺成功励志丛书）
书名原文：The Greatest Salesman in the World
ISBN 978-7-5012-5895-6

Ⅰ.①世…　Ⅱ.①奥…　②安…　③汪…　Ⅲ.①推销—通俗读物　Ⅳ.①F713.3-49

中国版本图书馆CIP数据核字（2018）第259937号

图字：01-2013-7385号　　图字：01-2013-7386号
图字：01-2013-7384号　　图字：01-2013-7934号

责任编辑	侯奕萌
责任出版	赵　玥
责任校对	陈可望
书　　名	世界上最伟大的推销员 Shijie Shang Zui Weida De Tuixiaoyuan
作　　者	（美）奥格·曼狄诺（Og Mandino）
译　　者	安　辽　汪　礼
出版发行	世界知识出版社
地址邮编	北京市东城区干面胡同51号（100010）
电　　话	010-62142290（发行）　010-88507463（发行）
网　　址	www.ishizhi.cn
经　　销	新华书店
印　　刷	鸿博昊天科技有限公司
开本印张	850mm×1168mm　1/32　12.25印张
字　　数	210千字
版次印次	2018年12月第三版　2023年1月第四次印刷
标准书号	ISBN 978-7-5012-5895-6　ISBN 0-553-27699-9 ISBN 0-553-27757-X　ISBN 0-8119-0915-8 ISBN 0-553-28038-4
定　　价	68.00元

谨以此书献给

所有寻找人生价值的人

出版说明

奥格·曼狄诺是20世纪最能激发读者阅读热情和自学精神的作家之一，他的十余部励志作品被翻译成几十种语言，在全世界的销量超过3000万册。

使他享誉全球的《世界上最伟大的推销员》是一部在全世界范围内影响巨大的经典畅销书，英文版首次出版于1968年，其后，陆续译成几十种语言在世界各地出版。不仅仅是推销员，社会各界都被这部作品充满魅力的风格深深吸引，人们争相阅读。

1988年，受书中主人公海菲的启示，在《世界上最伟大的推销员》英文版出版20周年之际，奥格·曼狄诺写出了该书的续集，即本书中《故事的结尾》这一部分，出版后，同样受到读者热捧。

2002年，世界知识出版社获得唯一官方授权，在国内出版《世界上最伟大的推销员》。本书以其充盈的智慧、灵性与爱受到广大中国读者的热爱，销量长盛不衰。至今，已出版《世界上最伟大的推销员》的精装版、平装版、中英文对照版。遗憾的是，上述版本没有加入《故事的结尾》。

2018 年，为纪念英文原版出版 50 周年，我们对中译本进行了全面修订，并首次加入《故事的结尾》（汪礼译），使海菲的故事终成完璧。

新增部分既可以看作一个独立的精彩故事，也可以视为“羊皮卷的故事”之圆满结局。读者将从中看到海菲新的人生转折，并获得更深刻、更全面的启示。

曾经从本书中获益的千万读者，有很多已经从少年走到了中年，从平凡走向了成功。在这个特殊的时刻，献上这本《世界上最伟大的推销员》50 周年珍藏纪念版，希望它能被更多人阅读和分享，继续为人们带去心灵的启迪和人生的动力。

海外评论摘录

我一口气读完了《世界上最伟大的推销员》。该书情节具有独特的创意和才气，风格迷人有趣，主题动人，鼓舞人心。

我们每个人都是推销员，不论我们从事哪种职业。最重要的是，我们首先必须将自己推销出去——推销自己，这样我们才能找到幸福与心灵的平静。这本书，只要细心研读，就能帮助我们每一个人成为自己的最佳推销员。

芝加哥秀伦教会牧师

路易斯·宾斯托克博士

奥格·曼狄诺具有罕见的写作天赋。本书所包含的思想深意，在于以推销的重要性象征全世界的存在。

波尔克公司总经理

索尔·波尔克

《世界上最伟大的推销员》是我读过的最鼓舞士气、振奋人心、激励斗志的一本书。我能充分理解本书如此轰动的原因。

《积极思考的力量》作者
诺曼·文森特·皮尔

终于出现了一本既为商场老将青睐又受到新手欢迎的营销书籍。我第二次读完这本书，还是爱不释手。我认为，这是一本最值得一读、最具建设性、最有实用价值的书，它可以作为教导推销工作的最佳范本。

美国派克戴维公司推销培训部经理
F. W. 艾利格

所有关于营销的书籍我几乎都读遍了。我认为奥格·曼狄诺的《世界上最伟大的推销员》一书堪称集大成者。遵循书中原则行事的人，不可能遭遇失败；无视这些原则的人，也不可能成就大事业。作者的贡献不止于此，他同时编撰了一则感人肺腑的传奇故事，将哲理箴言融进生动有趣的故事里。

全美成功者协会主席
保罗·J. 迈耶

每一位销售经理都应该读一读《世界上最伟大的推销员》。这是一本应该随身携带的好书，置于床侧，放在客厅里。可以浅尝，也可以深味。它是一本值得一读再读的书，历久而弥新，好像一位良师益友，在道德上、精神上、行为准则上指导你，给你安慰，给你鼓舞，是你立于不败之地的力量源泉。

卡耐基人际关系学院院长

莱斯特·J. 布拉德肖

我深深地被《世界上最伟大的推销员》所感动。它无疑是我读过的最伟大的书籍。它的好处太多了，不胜枚举。我只在此强调两点：第一，你拿到此书就会不忍释手，一气读完；第二，每一个人，包括你我，都不可错过此书。

肯塔基州人寿保险公司董事长

罗伯特·B. 亨斯利

奥格·曼狄诺在他编撰的传奇故事里，引起你的兴趣，激发你的斗志。《世界上最伟大的推销员》在情感上吸引了数百万人。

激情协会会长

罗伊·加恩

我喜欢书里的故事……喜欢它的写作风格……总之我喜欢这本书。每一位推销员，还有他的家人都应该阅读这本书。

美国联合保险公司董事长

W. 克莱门特 · 斯通

在我看来，奥格·曼狄诺的《世界上最伟大的推销员》势必成为经典之作。多年来，我曾出版过数以百计的各种书籍，但是只有奥格 · 曼狄诺的这本书真正触及我的内心深处。我以出版此书为荣。

出版家

弗雷德里克 · V. 费尔

荐 序

茅于轼

不少人以为这是一本讲推销技巧的书，其实这里讲了一个故事，通过古时候一个年轻人从一无所有走向成功的经历，说明在一个市场环境之下，如何对待他人，如何约束自己，如何克服困难提高自己，最后得到成功。实际上这是一本讲市场经济中的为人之道的书，是一本讲道德的书。正因为如此，它被译成十八种文字，在世界各国产生了极为广泛的影响。我国从 1996 年出版翻译本以来，同样受到各界人士的热烈欢迎。现在由世界知识出版社重新出版，进一步改进了装帧印刷，如果认真阅读，它的确能影响我们每一个人走上成功的道路。

我国正处于建设市场经济的过程之中，不少青年，不论是处于困境中的还是事业得到成功的，都感觉到前途迷茫，要追问人生的意义。我国的经济改革取得了巨大成功，人们比过去富裕多了，可是大家在追求财富的时候忘记了人生真正的意义，产生了众多的人际纠纷，发生了整体上道德的退化，因而感到人生道路的迷茫，希望得到答案。这正是这本书受欢迎的原因。翻开这本书，第一页上面写着："谨以此书献给所有寻找人生价值的人"，的确，读了这本书，我们会觉得生活更充实，目标更明确，人生更有意义。

市场经济是一种追求财富的经济。由于追求财富的动力，人类社会在过去的二三百年内实现了空前的繁荣。这个过程也是我们在过去的二十年中亲身经历过的。现在绝大多数人的物质享受都比以前丰富多了，但是我们是不是生活得更融洽、更愉快、更满意？答案可能是很不相同的。物质享受的普遍提高和满意程度的相对不足，说明二者并不是一回事。而我们最终追求的不是财富，而是人生的价值，是整体的快乐。这本书告诉我们，如何对待财富和幸福，在什么时候它们二者是一致的，又在什么时候二者是有区别的。

市场经济并不是一种只顾利益、道德沦丧的经济，相反，它要求我们互相尊重，真诚合作。只有这样才能实现社会整体的富裕。人际的利益冲突、欺诈、压迫、掠夺、诉讼等等不但不能从总体上增加财富，反而浪费许多人力物力于无谓的彼此纷争。中国现在正努力减少这类浪费，使得不用更多的劳苦操作，就能在总体上增加财富。所以这本书正是中国目前最最需要的。

社会中所有人的行为正当，虽然能够增加每个人的福利水平，但是并不能保证每个人都变成富人，因为社会上富人永远只是少数。把人生目标定为当富人的话，绝大多数人注定是要失望和痛苦的。何况已经成为富人的人也未必都感到快乐；而普通收入的广大百姓，有许多人懂得人生真谛，有美满的家庭和知心的朋友，真诚地服务于社会并得到回报，在物质享受和精神享受之间寻求平衡，能够心平气和地看待世界，这是任何一个人都能够做到的，却也是一个人得到快乐和幸福的必要条件。《世界上最伟大的推销员》这本书告诉我们如何正确对待自己的幸福和他人的幸福，进而走向真正的成功。我希望这本书能够在我国的全面改革中发挥作用，给我们带来快乐。

2002 年 6 月 10 日于南沙沟寓所

自　序

奥格·曼狄诺

十二年来，我一直坚持进行创作。夜深时，打字机清脆的击键声伴随着我，我凝视着那一行行文字，如此多的情节和人物扑面而来……

1967 年并不是一个好年头：克利夫兰、纽瓦克、底特律发生了种族骚乱；以色列和阿拉伯国家之间爆发了六天的血战；美国战机轰炸了越南首都河内；两名美国宇航员在他们的发射场被烧死……

当世界经历了这些痛苦、焦虑、恐惧，在绝望中蹒跚时，我手捧着自己刚刚出版的《世界上最伟大的推销员》这本小书，激动地迎来了这一令我永远难忘的时刻。

我这本新作的第一版起初并不被看好。尽管出版商弗雷德里克·费尔极力宣称，他推出的是二十五年来他出版的最重要的书籍之一。我这本关于耶稣时代的一个手牵骆驼推销货品的小男孩的故事，不可能迎合这个时代的口味，像大多数其他的新版著作一样注定要受到人们的冷落。

然而随后发生了一个奇迹，事实上，是两个。保险业的先驱 W. 克莱门特 · 斯通（W. Clement Stone）阅读了我敬献给他的书，书中记述的故事深深地打动了他，以至于他订购了一万册《世界上最伟大的推销员》分发给他的联合保险公司的每一位雇员及股东。与此同时，安利（国际）公司的合作创始人理查·狄维士（Richard DeVos）开始在全国范围内向他的经销商们推荐此书，认为他们应该学习并应用十道羊皮卷中的有关成功的原则。

这两位有影响力的领导者播下了很好的种子。我高兴且惊讶地看到，随着日益增多的读者们自发地口述传扬，此书的销量逐年上升。到 1973 年为止，已经在不知不觉间印刷了三十六次，卖出四十多万册精装本，被《出版商周刊》的保罗 · 内森（Paul Nathan）誉为"无人不晓的畅销书"。直到矮脚鸡（Bantam）图书公司获得其平装本版权，于 1974 年首次在全国出版、推广，此书才成为全国知名的畅销书。

当得知我的十道有关成功原则的羊皮卷和手牵骆驼推销货品的小男孩夜间拜访伯利恒马厩、救助婴儿的故事影响了众多读者时，我十分激动。很多监狱中的囚犯们记住了破损了的书中的每一句话；众多戒掉毒瘾和酒瘾的人头枕此书进入梦乡；《财富》杂志五百强企业的最高管理者们数以千计地向其下属推荐此书；像约翰·凯西和迈克尔·杰克逊这样的巨星也推荐此书。

如今，《世界上最伟大的推销员》已经被译成十七种语言并售出九百多万册，且已成为全世界空前畅销的营销书籍。

这些年来，我不断收到世界各地的读者热情洋溢的来信，而我也一直努力创作其他十二本书，并继续穿梭于世界各地，给大批听众做有关成功主题的演讲。所有这一切，都源于一本书的激励——《世界上最伟大的推销员》。

不管你是海菲的老朋友还是初次相识，我都衷心地欢迎你。诵读并欣赏……书中的文字及思想或许可以像对许多人一样减轻你的负担，照亮你的前程。

1987 年于亚利桑那州斯科特斯德市

目 录

故事的结尾

羊皮卷的故事

第一章

海菲在铜镜前徘徊，打量着自己。

“只有眼睛还和年轻时一样。”他一边自言自语着，一边转过身慢慢地在敞亮的大理石地板上走着。他拖着年迈的步伐在黑色的玛瑙柱子之间穿行，走过几张雕刻着象牙花饰的桌子。卧榻和长沙发椅发着龟甲的微光。镶嵌着宝石的墙壁上，织锦的精美图案闪闪发光。古铜花盆里，硕大的棕榈枝叶静静地生长着，沐浴在石膏美人的喷泉中。缀满宝石的花坛和里面的花儿竞相争宠。凡是来过海菲这座华丽大厦的客人都会说他是一个巨富。

老人穿过一个有围墙的花园，走进大厦另一边约五百步远的仓房。他的总管伊拉玛正在入口处等他。

“老爷好。”

海菲点了点头，继续默默地走着。伊拉玛一脸困惑地跟在后面，他不懂主人为什么选择这个地方会面。主仆二人走到卸货台边，海菲停下脚步，看着一包包货物从马车上抬下来，分门别类地堆放在仓库里。

这些货中有小亚细亚的羊毛、细麻、羊皮纸、蜂蜜、地毯和油类，本地生产的玻璃、无花果、胡桃、香精，帕尔迈拉岛的衣料和药材，阿拉伯的生姜、肉桂和宝石，埃及的玉米、纸张、花岗岩、雪花石膏和黑色瓷器，巴比伦的挂毯，罗马的油画以及希腊的雕像。空气中弥漫着香精的气味，海菲敏感的鼻子还闻到了香甜的李子、苹果、乳酪和生姜的味道。

然后，他转向伊拉玛："老伙计，咱们的金库里现在有多少现款？"

"所有的？"

"所有的。"

"我最近没有盘点，不过总在七百万金币以上。"

"仓库里的现货，折合成金币是多少？"

"老爷，这一季的货还没到齐，不过我想少说也合个三百万金币。"

海菲点了点头。"不要再进货了。马上把所有的现货卖了，换成金子。"

老总管目瞪口呆，一句话也说不出来。他像被人打中似的往后退了几步，好不容易才说道："老爷，您把我弄糊涂了，我们今年的财运最好，各大商店都说上个季度销售量又增加了。就连罗马军方都向我们买货，您不是在两个礼拜之内，卖给耶路撒冷的总督两百匹阿拉伯牝马吗？请您原谅我，老爷，我一向很少顶撞您，但是这一回，我实在弄不明白，您为什么要……"

海菲微微一笑，和蔼地拉着老伊的手，"老伊，你还记不记得好多年以前你刚来的时候，我要你做的第一件事？"

伊拉玛皱了皱眉，然后眼睛突然一亮，"您吩咐我每年要把所赚的一半分给穷人。"

“那时候，你不是认为我是个做生意的傻瓜吗？”

“我那时候觉着……”

海菲点点头，指了指卸货台，“你现在承不承认当时多虑了？”

“是的，老爷。”

“那么，我劝你对我刚才要你做的事要有信心，我会把我的用意解释给你听的。我已经老了，需要的东西很简单，自从丽莎走了以后，我就决定把所有财富分送给城里的穷人，自己留着点够用就行了。除了清理财产之外，我希望你准备一些文件，把分行的所有权证明文件，转移给所有分行的账房，另外再拿出五千金币分给每个账房，这么多年来他们一直忠心耿耿，任劳任怨。以后，他们喜欢卖什么就卖什么。”

伊拉玛张了张嘴，海菲挥手阻止了他。

“你不太喜欢这么做，是吗？”

老总管摇了摇头，勉强露出笑容，“不是的，老爷，我只是不明白您为什么要这么做，您好像在交代后……”

“你就是这样，老伊，老是想着我，从来不替自己想想，我们的生意不做了，你就不为自己打算打算？”

“我跟了您这么多年，怎么能只想自己呢？”

海菲拥着老仆人继续说道：“别这样，我要你马上把五万金币转到你的户头上，然后我求你留下来，等我把多年来的一桩心事了结以后再走。到时候，我会把这座大厦和仓库都留给你，然后我就找丽莎去了。”

老总管睁大眼睛看着主人，不敢相信自己的耳朵，“五万金币，房子，仓库，……我怎么配得上……”

海菲点点头，“我一直把你的忠心当作最大的财富，和它比起来，我送你的这点小东西根本算不上什么。你懂得生活的艺术，不为自己，而为别人活着，这就是你与众不同的地方。我现在要你做的，就是帮我尽快完成计划，我的日子不多了，对我来说，没有什么比时间更重要的了。”

伊拉玛转过头，不让主人看见眼里的泪水。“您说

您有心愿未了，是什么心愿？您对我像亲人一样，可是我从来没听您提过什么心愿。”

海菲双臂抱在胸前，面带笑容，“等你把今天早上交代你的事办完以后，我会告诉你一个秘密，这秘密只有丽莎知道。三十年了……”

第二章

就这样，一辆盖得严严实实的马篷车从大马士革出发了。车上装载着各种证明文件和黄金，就要分送到海菲的每个账房手中。从乔泊的欧贝特到帕特拉的鲁尔，每个账房都收到了海菲的厚礼。他们得知主人退休的消息，个个目瞪口呆，不知说什么好。篷车驶过最后一站，它的使命就全部完成了。

于是，曾经显赫一世的商业王国从此不复存在。

伊拉玛心情沉重，觉得很难过。他差人禀告主人，说库房已经空空如也，各地的分行再也看不到那人人引以为荣的海菲王国的旗帜。不久，传话的人回来说主人要马上见他，要他在喷水池旁等着。

喷水池旁。海菲深深地端详着伊拉玛，然后问道："事情办完了吗？"

“都办完了。”

“别难过，老伊，跟我来。”

海菲领着伊拉玛，向后面的大理石阶梯走去。阔大的房子里，只有他们的凉鞋“嗒嗒”响着。当他们走近一个搁置在柑木架上的大花瓶时，海菲的步子突然慢了下来。花瓶在太阳光里由白色变成了紫色。看着它，海菲那饱经沧桑的脸上绽开笑容。

接着，两个人开始攀登内梯，阶梯一直通向藏在大厦圆顶里面的房间。伊拉玛这才发现，往日守在阶梯口处的武装警卫已经不在了。他们爬上一个楼梯平台，停下来歇息，两个人都累得上气不接下气。当他们爬上第二个平台时，海菲从腰带上取下一把小钥匙，打开那沉重的橡木门。他把身体靠在门上，门轧轧地向里面推开了。伊拉玛在外面踌躇着，直到主人唤他，才小心翼翼地走了进去，走进这三十年来的禁地。

灰暗的阳光夹杂着尘埃从塔楼的缝隙中渗漏下来。伊拉玛抓着海菲的手，渐渐适应了幽暗的光线。房子里几乎空无一物，一束阳光落在墙角。只有那儿放着一个香杉木制成的小箱子。伊拉玛环顾四周的时候，海菲脸上浮上淡淡的笑容。

“让你失望了吧，老伊？”

“我不知道说什么才好，老爷。”

“你难道不会对这里的摆设失望吗？这三十年来，我一直请人严加守卫，大家一定常常议论，猜测这里面放了些什么神秘的东西。”

伊拉玛点点头，“不错，这些年来常听大家议论这塔楼上藏的东西，有许多谣言。”

“其实这些谣言我都听过，有人说这上面有成箱的钻石、黄金，有人说这上面有珍禽异兽，甚至有一个波斯商人说我在上面金屋藏娇，丽莎还笑这个商人心术不正。你看，其实这儿除了一只箱子以外，什么也没有。来，过来。”

两个人走到箱子旁蹲下身去。海菲小心地把包在箱

子上的皮革掀开，深深地吸了口柏木散发出来的气息，最后，他按下箱盖上的开关，盖子一下子弹开了。伊拉玛向前倾着身子，目光越过海菲的肩头，落在箱内的东西上，这一来，他更糊涂了，摇着头看着海菲。箱子里除了几张羊皮卷以外，什么也没有。

海菲伸手轻轻地拿出了一卷，闭上双眼，把它紧紧地握在胸前。他的脸变得平静安详，几乎抚平了岁月留下的皱痕。他站起来，指着箱子，说道："就算这屋子里堆满钻石，它的价值也无法超过你眼前的这只箱子，我的成功、快乐、爱心、安宁、财富全来自这几张羊皮卷，我永远无法报答它们的主人。"

伊拉玛听了海菲说话的语气，惊骇得后退了几步，问道："这是不是您说的秘密？这只箱子和您的心愿有关吗？"

"一点不错。"

伊拉玛擦了擦额头上的汗珠，不敢相信地看着主人。"这几张羊皮卷里面究竟写着些什么，会比钻石还珍贵？"

"这些羊皮卷，除了一卷以外，全都记载着一种原则，一种规律，或者说一种真理。它们都是用独一无二的风格写成的，以便阅读的人了解其中的含义。一个人要想掌握推销的艺术，成为这方面的大师，那就一定得看完所有的内容。如果懂得运用这里面的原则，那他就可以随心所欲，拥有他想要的财富。”

伊拉玛盯着箱中陈旧的羊皮卷，困惑不解地问道：“和您一样有钱？”

“如果愿意，甚至可以比我还富有。”

“您刚才说过，这些羊皮卷讲的都是推销的办法，除了一卷以外，那这一卷又讲了些什么呢？”

“你说的这一卷，其实是必须阅读的第一卷。其他每卷都要按特殊的顺序来读。这头一卷里藏着一个秘密，能够领悟它的智者，历史上寥寥无几。事实上，这第一卷是阅读指南，告诉我们怎样有效地看完其他几卷。”

“听起来像是人人都可以做的事情。”

“的确很简单，只要肯花时间，专心致志，把这些原则融进自己的个性，让它们成为一种生活习惯。”

伊拉玛伸手拿出了一卷，小心翼翼地捧着它，颤巍巍地问他的主人：“请您原谅我这么问，为什么您不把这些原则告诉大家？尤其是长年在您手下工作的人。对于其他的事，您一向很大方，为什么那些一生替您卖命的人，都没有机会看到这些羊皮卷，获得财富？最起码，他们可以变成更好的推销员，卖更多的货。这些年来，您为什么对这些原则一直保密？”

“我没有选择的余地。许多年前，当这些羊皮卷交到我手中时，我曾发过誓，答应只让一个人知道它们的内容。我至今尚不明白为什么会有这么奇怪的要求。我受命将羊皮卷里所写的东西用到自己的生活中，直到将来有一天，出现那么一个人，他比少年时的我更需要帮助，更需要这羊皮卷的指引，那时我就把这些宝贝传给他。据说我将通过异象认出那个我要找的人，也许他并不知道自己在寻找这些羊皮卷。

“我一直耐心地等着，一面等，一面按这上面教的去做，结果我成了大家所说的最了不起的推销员，就像给我羊皮卷的那个人一样，他也是他那个时代最成功的推销大师。伊拉玛，你现在大概可以体会出，这些年来，为什么有时候我会做出在你看来莫名其妙、毫无意义的举动，而结果却证明我是对的，我一直深受这些羊皮卷的影响，照它写的去做，也就是说，我们赚下的财富，并非出自我个人的智慧，我只是个执行的工具而已。”

“过了这么多年，您还相信那个衣钵传人终会出现？”

“不错。”

海菲小心翼翼地把羊皮卷放回箱内，然后把箱子盖好。

“老伊，你愿不愿意跟着我，直到我找到那个传人为止？”

老总管在柔和的光线里伸出手去，终于和主人的手紧紧握在一起。伊拉玛忠厚地点了点头，然后悄悄地退下，走出了阁楼。海菲把箱子重新锁好，用皮革裹住，又看了一会儿才直起身子，走出塔楼，站在环绕着巨大圆顶的平台上。

微风由东边吹来，拂过老人的面颊，风中夹着远处湖水和沙漠的气味。他居高临下，站在那儿，往事也随风掠过了胸际，老人牵动着双唇，微微地笑了……

第三章

时已冬季，橄榄山上寒风凛冽。耶路撒冷庙堂里烧香熏烟的气味，焚烧尸体时发出的臭味，以及山上树林里松脂的清香，混杂在一起，穿过金伦山谷，袅袅飘来。

离贝斯村不远的斜坡上，歇息着帕尔迈拉岛的柏萨罗商队。夜深了，主人最宠爱的种马也不再咀嚼低矮的阿月浑子树丛，靠在月桂树旁，安静下来。长长的一列帐篷旁，粗大的麻绳围住四棵古老的橄榄树，圈在里面的骆驼和骡子挤在一起，互相取暖。除了两个警卫来回巡逻外，方圆一片寂静，只有柏萨罗的帐篷现出走动的人影。

帐篷里，柏萨罗面带愠色，来回踱着步子，对跪在门边的那个怯生生的少年时而皱眉，时而摇头。最后，

他在金缕交织的地毯上坐下来，招手示意少年过来。

“海菲，我一直当你是自己的亲生儿子。我不明白你怎么会提出这种奇怪的要求。你对现在干的活儿不满意吗？”

“不是，老爷。”少年眼望地毯说道。

“是不是篷车多了，你喂养不了那么多骆驼？”

“也不是，老爷。”

“那么，再把你的请求说一遍吧，慢慢地说，告诉我你的理由。”

“我想当一名推销员，帮您去卖货，我不想一辈子只当为您看管骆驼的僮仆。我想和哈德、西蒙、凯利他们一样，带着大批大批的货出去，回来的时候带回一大堆金子。我不想再过这样卑微的生活，一辈子喂养骆驼，没有什么出息，如果能做推销员，那我有一天也会成功，会赚大钱的。”

“你怎么会有这种念头呢？”

“我常听您说，一个人要想从贫穷变为富有，最有机会的方法就是去做一名推销员。”

柏萨罗开始点头了，思忖片刻，又继续问少年道：“你认为自己能够做得像哈德还有其他推销员一样好吗？”

海菲信心十足地盯着老人答道：“我常听凯利抱怨

运气不佳，货卖不出去，也常听您提醒他说，任何人只要肯勤学推销的原则，掌握它的规律，就能在很短的时间里把货卖光。像凯利这么笨的人都能学会那些本领，我就不能学会吗？”

“如果有一天，你对那些原则运用自如，那你毕生的目标是什么？”

海菲犹豫了一下，然后答道：“人人都称赞您是一位了不起的推销大师，世界上从来没有一个商业王国像您亲手建立的这么庞大。我的目标是要比您更伟大，当一个全世界最伟大的商人，最有钱的富翁，最成功的推销员。”

柏萨罗向后直了直身子，仔细打量着眼前这张年轻、黝黑的面孔。少年的衣服上隐隐可以闻到牲口的味道，但他的神态中看不到半点自轻自贱。“那么，你打算怎么处理这么多财富和那一起而来的权势呢？”

“和您一样，我要我的家人好好享受，然后我要周济穷人。”

柏萨罗摇了摇头，“孩子，不要把财富当成你一生的目标。你的话很动听，但那还不够，真正的富有，是精神上的，不是钱包里的。”

海菲马上问道：“您不算富有吗？”

老人笑了，笑少年的莽撞。“孩子，就物质上的富有来说，我和外面的乞丐，只有一点不同，乞丐想的是下一顿饭，而我想的是最后一顿饭。孩子，不要一心只想发财，不要受金钱的奴役。努力去争取快乐，爱与被爱，最重要的，是求得心灵的宁静。”

海菲仍然固执己见，“但是没有钱，您说的这些是达不到的。谁能一文不名而心平气和？谁能腹中空空而快乐幸福？不能养家糊口，丰衣足食，怎能让家人感受到爱的关怀？您自己也说过，能带给人快乐的财富便是美好的。那么，我要成为一个有钱人有什么不好？

“只有沙漠里的僧侣，才适合过苦日子。因为他们只需养活自己，除了神以外，不用讨好别人。可是我不同，

对我来说，贫穷只意味着无能无志，而我并非是这样不中用的人！”

柏萨罗皱起眉头，“什么事情让你突发奇想，踌躇满志？你说要养家糊口，可是除了我这个在你父母病故后收养你的人，你并没有家人呀？”

海菲那被太阳晒得黑黑的面庞，掩盖不住突然泛起的红晕。“我们路过希伯伦的时候，我遇见了卡奈的女儿。她……”

“喔，喔，现在说实话了，不是什么大道理，是爱情让我们看管骆驼的男孩变成伟大的勇士，要向全世界挑战了。卡奈非常有钱，他能让自己的女儿和一个喂骆驼的穷小子在一起吗？决不可能！如果是一个年轻有为、英俊潇洒的商人，嗯，那又另当别论了。好吧，小伙子，我可以助你一臂之力，让你做一名推销员，开创自己的事业。”

少年跪在地上，感激地抓住主人的长袍。“老爷，老爷，我不知该怎样报答您才好！”

柏萨罗挣脱了海菲的手，退后一步，“先别谢我，我能给你的帮助微如尘埃，最重要的，还是要靠你自己持之以恒的努力。”

忧虑重新又代替了喜悦，海菲不禁问道：“您不教我那些原则规律，让我变成伟大的推销员吗？”

“不是，你小的时候，我从来没宠过你，大家都说我不该对你这么严，不该让养子去干喂牲口的粗活，可是我一直相信，只要心中的那团火烧得恰到好处，迟早它会冒出火花，那时你就会成为一个真正的男人，以前吃的苦都没有白费。今天晚上，我很高兴你能提出这样的要求，你的眼睛像点燃的火焰，你的脸上充满渴望，看来我没有看错人。不过你还要加倍努力，证明你想要的不是空中楼阁。”

海菲沉默不语，听着主人继续说道，“首先，你要向我证明，当然更重要的是向自己证实，你能忍受推销的辛苦。你抽的这个签，远非轻而易举。你常听我说，只要成功，报偿相当可观，我这么说，也是因为成功的人太少了，所以回报才大。许多人半途而废，他们在绝望失意中，并没有意识到自己已经拥有达到成功的一切条件。有些人面对困难，畏缩不前，如临大敌，殊不知，这些绊脚石正是他们的朋友、他们的助手。困难是成功的前提，因为推销和其他行业一样，胜利是在多次失败之后才姗姗而来。每一次的失败和奋斗，都能使你的技艺更精湛，思想更成熟，磨炼你的本领和耐力，增加你的勇气和信心。这样，困难就成了你的伙伴，发人自省，迫人向上。只要永不放弃，持之以恒，每次挫折都是你进步的机会。如果你逃避退缩，那就等于自毁前途。”

少年在一旁频频点头，想着老人的话，正要开口，却被老人挥手止住了。“还有，你正走向世界上最孤独的行业。即便是受人轻视的税吏，夕阳西下时，还有家可归。那些罗马士兵，天黑以后也有营舍为家。但是你以后会眼睁睁地看着太阳落山，远离亲友，无处藏身，看着别人合家欢聚，共享天伦，你别无选择，只能穿越万家灯火，匆匆赶路。世上没有比这些更能让人触景生情、心碎意沉的了。”

“倍感寂寞的时候，诱惑就来了，”柏萨罗继续说着，“如何应对这些诱惑，关系到你的事业和前途。当你独自赶路，伴着你的只有一匹骆驼时，你会感到陌生而可怕。那种时候，我们常常会暂时忘了一切，忘了前途，忘了身份，变得像小孩子一样，渴望安全，渴望一份属于自己的爱。许多人熬不住，半途而废，另寻寄托。而事实上，他们都具有潜力，可以成为一流的推销员。还有，当你的货推销不出去的时候，没有人会谅解你，安慰你。人们只会趁你不注意的时候，拿走你的钱袋。”

“我会记下您的话。”

“那就开始吧！眼下，我不再给你任何忠告。现在，你就像一颗青涩的无花果，熟透前无人问津，等到有了经验，有了知识，你才算得上一名推销员。”

“我该怎样开始呢？”

“早上你先到管行李车的西尔维那儿去，他会给你一件红色的袍子，算在你的账上。这袍子是山羊毛织成的，可以防雨。它是用茜草根的浆液染红的，经得起风吹日晒，永远不会褪色。袍子里面绣着一颗小星星，是托勒作坊的标志，他们做出的袍子，品质、式样全是一流的。我们的标志绣在小星星的旁边，是个四方的框框，里面有个圆圈。几乎每个人都认得这两个标志，我们不知道已经卖出多少件这种袍子了。我和犹太人打了多年交道，他们管这种袍子叫‘阿布昂’。

“你拿到袍子以后，牵上驴子，天一亮就到伯利恒去。我们来这儿前，曾经路过那个村镇。到目前为止，我们还没有人去那儿推销过。据说，那里的人太穷了，去那

里卖东西是白费功夫。可是多年以前，我曾经亲自卖过几百件袍子给当地的牧羊人。你就留在伯利恒，卖掉袍子再回来。”

海菲点点头，掩饰不住心中的兴奋。“一件袍子要卖多少钱呢？”

“你回来跟我结账的时候，交给我一块银币就行了。赚下的多，你就自己留着吧。这样的话，你就可以自己定价了。伯利恒的市场在南门口，你可以先到那儿看看，或是打算挨家挨户拜访，都随便你，那儿大概有一千多户人家，总有一户人家会买吧？你说呢？”

海菲又点了点头，心已启程。

柏萨罗轻轻按着少年的肩膀。

“你回来以前，我不会找人顶替你的活儿。如果你发现自己不适合做这种工作，我会谅解你，可别觉着有什么丢脸的。不要计较成败，一个从来没有失败过的人，必然是一个从没有尝试过什么的人。你回来以后，我会问你来龙去脉，然后再决定下一步如何帮你实现自己的梦想。”

海菲深鞠一躬，正打算退下，老人又开口了，“孩子，在你开始这种新生活之前，你要牢牢记下一句话，多想想它，你遇到困难会迎刃而解。”

海菲在一旁等着，“您说吧，老爷。”

“只要决心成功，失败就永远不会把你击垮。”

柏萨罗上前两步，“明白我的意思吗？”

“明白，老爷。”

“那么，重复一遍。”

“只要决心成功，失败永远不会把我击垮。”

第四章

海菲把啃了一半的面包推到一旁，想着自己坎坷的命运，明天就是他抵达伯利恒的第四天了，他满怀信心带来的那件红袍子，仍然原封不动地放在牲口背上的包袱里。牲口已经拴在客栈后面的山洞里了。

客栈里人声嘈杂，他却像全然不知，只皱着眉，愣愣地看着桌上没吃完的晚餐。那些有史以来困扰着每个推销员的问题，向他袭来。

“为什么人们不愿听我说什么？怎样才能引起他们的注意？为什么不等我开口，他们就把门关上了？为什么他们对我的话不感兴趣？这个小镇上的人都那么穷吗？要是他们说喜欢我的袍子，可是买不起，那我又能说什么呢？为什么好多人都叫我过几天再去？我卖不掉这袍子的话，别人能卖掉吗？每次要敲门的时候，心中

就有说不出的恐惧，这到底是怎么回事？怎么才能克服这种恐惧？是不是我比别人卖得贵了？”

他摇着头，对自己的失败很不满意。也许他不适合干这行，也许他还是应该回去重新喂养骆驼，继续做每天只能赚取几个铜板的苦工。要是他能把袍子卖掉，回去见到主人，该有多么风光！柏萨罗叫他什么来着？年轻的勇士？此时此刻，他多么希望自己能带着成群的牲口衣锦还乡啊！

他又想到了丽莎，想到她那势利眼的父亲卡奈。于是，他很快打消了这些犹豫不决的念头。再在山上将就一夜吧，看好行李，明天一早再去碰碰运气。这回他得使出百般解数,巧言说服大家,卖个好价钱。得早点启程，天一亮就出发。碰上一个人就如此这般地说一遍，也许很快就可带着钱回橄榄山了。

他一边啃着剩下的面包，一边想着他的主人。柏萨罗一定会对他感到满意，引以为荣，因为他没有半途而废，失败而归。四天卖掉一件袍子，时间是长了一点，但他心里明白，这次能用四天时间卖掉东西，以后就能从主人那学到三天卖掉东西的方法，然后两天。总会有那么一天，他能在一小时内卖掉许多件袍子。那时，他就真成了有名望的推销员了。

离开嘈杂的小客栈，他举步走向拴着牲口的山洞。

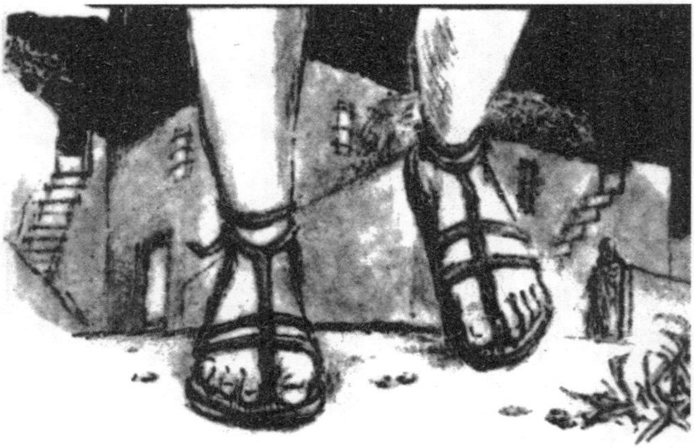

野草在寒冷的空气中冻僵了，披着一层薄薄的霜衣，他踩在上面，草叶噼啪作响，发出脆裂的抱怨声。他打算今晚不回山上，就和小驴在洞里挤一夜算了。

虽然他现在明白为什么别的推销员都不愿光顾这个小镇，但他还是坚信明天自己会吉星高照，时来运转。每每受到拒绝时，他都会想起别的推销员说过这里根本没有生意可做。可是，柏萨罗不是在多年以前在这一带卖出了很多袍子吗？也许事过境迁了，再说，柏萨罗毕竟是个推销大师。

洞穴里好像有亮光，可能是小偷。想到这儿，他加快了脚步，一个箭步冲进了洞口。谁知眼前的画面倒让他松了口气，擒贼的念头化为乌有。

一支蜡烛勉强插在石壁的缝隙中。微弱的烛光下，一个满脸胡子的男人和一个年轻女人紧紧靠在一起。他们脚边放草料的石槽里，睡着一个婴儿。海菲虽然不大懂，不过由婴儿皱巴巴的深红肤色看来，这孩子才生下来不久，年轻夫妇怕婴儿受凉，两个人身上的斗篷全盖在他身上，只露出睡得香甜的脸蛋。

男人朝海菲点了点头，一旁的女人挪动了一下身子，靠近旁边的孩子。没人说话。海菲注意到女人在瑟瑟发抖，这才发现她衣衫单薄，难以抵御洞里的湿寒，他又看了看孩子，看着他的小嘴一张一翕，好像在对他笑。看着看着，一种奇妙的感觉流入海菲心田，也不晓得为什么，他突然想起丽莎。女人又在发抖，把他从梦中拉了回来。

就这样，经过一番内心的痛苦挣扎，这个未来的大企业家，走到驴子面前，小心地解开包裹，取出袍子。他把它展开，爱惜地抚摩着它。袍子的红色在烛光下像燃烧的火。他看到袍子上绣着的两个公司的标志：方框框里一个圆圈，还有一颗小星星。三天来，这袍子在他累得酸痛的手臂上不知挂过多少次了，他甚至认得出袍子上的每一根纤维。这确是一袭上等长袍，小心保养的话，可以穿一辈子。

海菲闭上眼睛，叹了口气。然后，他快步走向眼前的小家庭，在孩子身边的稻草上跪下来，轻轻地把盖在他身上的破斗篷拿开，分别交给男人和女人。这对夫妇对海菲自作主张的举动不知所措，看着他张开珍爱的红袍子，充满柔情地包在熟睡的婴儿身上。

海菲牵着他的小驴，走出了洞穴。孩子母亲在他脸上留下的亲吻还没有干。在他头顶正上方的夜空中，高挂着一颗明亮的星星，他从未见过这么亮的星星。他目不转睛地望着它，直到眼眶盈满了泪水，才骑着小驴，踏上回耶路撒冷的归途。

第五章

海菲慢慢地骑着驴子，垂着头，不再理会那颗星星，任它将无尽的光芒洒满前方的路。他为什么要做这种蠢事？他根本不认识洞里的人，为什么没有想到把袍子卖给他们？这下可好，怎么向主人交代？别人又会怎么看他？要是他们知道他把自己欠了账的袍子送给不相识的人，一定会笑得在地上打滚，何况是给了一个山洞里的婴儿。

他左思右想，打算编个故事，就说他去吃饭的时候，袍子被人偷了。主人会相信吗？反正这年头到处闹强盗。不过，就算柏萨罗信了他的话，难道不会怪他疏忽吗？

时间似乎过得很快，他已经回到了商队扎营的地方。海菲跳下驴子，忧心忡忡地牵着牲口，来到篷车前。头顶的星光将大地照得如同白昼。一路上让他惴惴不

安的场面终于出现了：柏萨罗正站在帐篷外，仰望夜空。

海菲不动声色，止住了脚步。主人还是马上发现了他。

柏萨罗惊讶不已，走近少年问道："你直接从伯利恒回来的？"

"是的，老爷。"

"你没留意，有颗星星一直在跟着你？"

"我没留意，老爷。"

"没有留意？两个时辰前，从我看到那颗星星在伯利恒的方向升起的时候，我就站在那儿，一动没动，我从来没见过这么光彩夺目的星星。我看着它出现，又

看着它朝着我们的方向移过来。现在它就在我们头顶的正上方停住了，你正好出现，天啊，它这会儿一动也不动了。”

柏萨罗走近海菲，仔细打量着年轻人的神色，追问道：“你在伯利恒有没有碰上什么特别的事情？”

“没有，老爷。”

老人皱起眉，顿时陷入了沉思。“我从来没有经历过这样一个夜晚。”

海菲欲言又止，终于还是说道：“我也永远不会忘记今夜，老爷。”

“喔，那一定是发生过什么事了。你怎么这么晚赶回来呢？”

海菲一言不发地看着主人检查着他的行李。“空了。终于成功了！来，好好把这次的经历跟我说说。看来今晚睡不成是天意了。你就好好地讲给我听，说不定我可以听出些眉目来，看看这颗星星为什么跟着一个喂骆驼的男孩。”

柏萨罗斜靠在帆布床上，闭着眼睛倾听海菲描述在伯利恒遇到的无数次拒绝、挫折和侮辱。听到有个陶器店老板连推带搡地把海菲撵出店门时，他点了点头；听到由于海菲不肯降价，那些罗马士兵把袍子扔到他脸上时，老人微微一笑。

最后，海菲的声音都说哑了，终于说到傍晚在客栈里的种种疑虑。柏萨罗打断他的话，“海菲，尽量说详细些，你坐在客栈里，心灰意冷的时候，心里有哪些疑虑来着？”

海菲尽量把想得起来的都说了一遍。老人又道：“好，现在告诉我，最后是什么念头使你打消这些疑虑，重新鼓起勇气，打算第二天拿着袍子再去试销？”

海菲想了一会儿，然后答道：“我只是想到卡奈家的女儿，我知道，要是失败了，就永远没脸见她了。”说着，他突然失声道：“可我还是失败了！”

“你失败了？我不明白，你并没有带着袍子回来呀？”

海菲不得不将洞穴、婴儿以及长袍的故事说了一遍。由于声音太低，柏萨罗只好向前倾着身子。他一边听，一边望着帐篷外洒满星光的大地。他不再困惑，慢慢露出笑容。他没有注意到少年已经把故事讲完，开始在一旁抽噎。

慢慢地，抽噎声也止住了，帐内一片沉寂。海菲不敢抬头看他的主人。他已经失败了，事实证明，他只配喂养骆驼。他很想站起来逃出帐篷。突然他感到那位推销大师的手正按在自己的肩上，他不得不看着主人的眼睛。

“孩子，这一趟，你没赚什么钱。”

“是的，老爷。”

“但在我看来，你获益匪浅。我不得不承认，天上的那颗星星照亮了我的眼睛。等我们回到帕尔迈拉岛以后，我再解释给你听，现在我要你做一件事。”

“好的，老爷。”

“明天日落以前，咱们的推销员都会回来，到时候他们的牲畜还需要人照料。你愿不愿意先回去照料那些牲畜？”

海菲顺从地站起身，感激地向主人鞠了一躬，说道：“您吩咐我做什么，我都愿意去做……这一趟让您失望，我很难过。”

“去吧，准备一下，大伙快要回来了。我们回家以后再谈。”

海菲出了帐篷，星光亮得他睁不开眼。他揉揉眼睛，听到主人在里面叫他。

少年回身又进了帐篷，听候主人差遣。只听老人说道：“安心睡吧，孩子，你没有失败。”

那颗明亮的星星，整晚都停在帐篷的上空。

第六章

商队返回帕尔迈拉岛两个星期后的一天夜里，海菲在牲口棚的草床上被人叫醒——主人召见他。

他匆匆来到主人的寝宫，手足无措地立在床头。宽大的床铺使得睡在上面的人看起来小了许多。柏萨罗睁开双眼，挣扎着坐了起来。他面容憔悴，手上青筋暴露，海菲不敢相信，眼前的这个人，就是两周前和自己讲过话的那个人。

主人用手指了指床铺的下半部，少年小心翼翼地挨着床边坐下来，等着主人发话。他注意到就连主人说话的音调都和上次见面时大不相同。

“孩子，这些天来，你有足够的时间考虑，你还想成为一个最伟大的推销员吗？”

“是的，老爷。”

老人点了点头，“那就开始吧！我本来计划多花点时间和你在一起，但是你也看得出来，我还有其他的事要做。虽然我是一个成功的推销员，但我还是没办法把死亡从这个门口推销出去。死亡早在那儿等着我了，就像一只饿狗，等在厨房门口，稍一疏忽，它就冲进来……”

话没说完，他便咳了起来，海菲呆呆地坐在床边，看着老人吃力地喘着气。最后，咳嗽停了，柏萨罗露出虚弱的笑容。“我们在一起的时间不多了，我还是言归正传吧。你先把床下的香杉木箱子拉出来。”

海菲跪下来，双手摸索着，从床底拉出一只裹着皮革的小箱子，把它放在柏萨罗刚刚坐过的地方。老人清了清喉咙，“许多年以前，当我连个喂养骆驼的僮仆都不如的时候，无意间救了一个东方人，那时他被两个强盗绑架。事后，这个东方人硬说我是他的救命恩人，一定要报答我。他见我是无依无靠、孤苦伶仃的一个人，就把我接到他家去，与他的家人共享天伦之乐。

“我慢慢适应了那里的生活。一天，他把这个箱子打开给我看，里面装了十张羊皮卷，每一张都标了号码。头一张写的是如何学习这些羊皮卷上的功课，其他几张讲的是关于推销艺术的所有秘诀。他花了整整一年的功夫，把那些哲理一条一条地讲给我听。我终于记下了每一卷里的每一个字，直到它们与我融为一体，成为我生

活的一部分。

“后来，他把箱子给了我。除了十张羊皮卷以外，里面还有一封信，一个钱袋，装着五十枚金币。那封信必须在我离开他家以后才能拆开。于是我辞别了那一家人，只身前往帕尔迈拉岛经商。我看了那封信，信上说，我得利用那些钱，结合羊皮卷上教的方法，去开创新的生活。信中命令我无论何时，都要把赚得的一半财富分给比我贫穷的人，但是箱中的羊皮卷不能给人，甚至不能让人看到，直到我得到神的启示，找到下一个人选为止。”

海菲摇摇头，“我不明白，老爷。”

“我会解释给你听。许多年来，我一直在寻找那个人。我一面等待他的出现，一面应用羊皮卷中的秘诀经商，积攒了不少财富。你从伯利恒回来以前，我还以为有生之年见不到这个人了。一直到看见你站在那颗星星下面的时候，我才意识到什么。我试图去想清这种现象的寓意，而我只能顺从神的安排。后来，你告诉我说你放弃了那件对你来说意义重大的袍子时，我才听到内心深处有一个声音说：我长期以来的寻求，可以结束了。我终于等到了可以继承那只香杉木箱的人。说也奇怪，从我找到合适人选的时候开始，我的精力便开始衰竭。现在我的大限已到，可以安心地走了。”

老人的声音越来越弱，他握紧双拳，倾身向前对海菲说：“孩子，你仔细听着，因为我没有力气再重复这些话了。”

海菲含着泪，坐到主人身旁。他们握着手。这位推销大师深深地吸了口气，继续说道：“我现在把这只箱子还有里面价值连城的东西交给你，但是你必须先答应我几件事情。这里有一个钱袋，装着一百枚金币。你可以用它们维持生计，再买一些地毯开始做生意。我本可以给你更多钱财，但是这对你只有百害而无一益，你要靠自己的奋斗，成为世上最伟大的推销员才有意义。你现在知道我一直没忘记你的梦想了吧！

“现在，你马上离开这里，到大马士革去，那儿有的是机会，羊皮卷里的东西派得上用场。等你落下脚，就可以打开第一张羊皮卷了，其他几卷暂时不要看。你要反复诵读，熟记里面的内容，体会其中的含义。以后再依次打开其他几卷，运用里面的原则和方法，你卖出的地毯一定会一天比一天多的。

“我首先要你答应的条件是：你必须发誓，依照第一卷的指示去做。你答应吗？”

“答应，老爷。”

“好，好，只要照着羊皮卷上面教的去做，将来你会比自己梦想的还要富有。我的第二个条件是，你必须把赚下的钱财分给那些比你不幸的人，这一点不可以含糊，你答应吗？”

“答应，老爷。”

“现在，还有最重要的一个条件，你不能把羊皮卷上的内容告诉任何人，将来有一天，你会得到神的启示，就像那颗星星对我的启示，到时候，你会认出这个人来，也许连他本人也不知道是怎么回事。等你确认无误之后，再把这箱秘密传给他。这第三代传人，如果他愿意，就可以把所有的秘密公之于世了。这个条件，你答应吗？”

“答应。”

柏萨罗长嘘一声，如释重负。他面带微笑，用骨瘦

如柴的双手捧起海菲的脸庞。“带上箱子上路吧。我们不会再见面了。我爱你，孩子，祝你成功，也愿你的丽莎能分享你未来的一切幸福。”

泪珠顺着海菲的脸颊滚落下来。他拿起箱子，走出主人的卧房。他在门外停住脚步，放下箱子，又转回头问他的主人：

“只要决心成功，失败永远不会把我击垮？”

老人靠在床上，微微点了点头，笑着朝他挥手告别。

第七章

海菲骑着驴子，由东门进了大马士革城。他沿着一条叫做斯特奇的大街骑着，心中充满了疑虑和惶恐。赶集者的喧哗吵嚷声，都无法驱除他心中的恐惧。以前跟着主人的商队，浩浩荡荡地来到这里时多风光呀，如今自己孑然一人，无依无靠，前途未卜。街上兜售生意的小贩，声音一个比一个大。他骑着驴，看着鸽子笼般的店面。他经过满地摆着的摊位时，琳琅满目的铜器、银器、马具、织品、木工制品，让他看不过来，每走一步，都会有小贩上前伸出手兜售生意，发出自怜的哀泣。在他的正前方，西墙外，矗立着海蒙山。虽然时已入夏，山顶依旧白雪皑皑，远远地俯视着熙熙攘攘的市集，似乎已能容忍它的喧哗。海菲离开了这条颇负盛名的大街，开始打听可以过夜的地方，没多久就找到一家叫做莫沙

的客栈。房间很干净，他预付了一个月的房租，房东立刻对他殷勤起来。他把牲口牵到后面拴好，自己去布达河洗了澡，重新回到客房。

海菲把那只香杉木箱放在床脚边，掀开裹在外面的皮革。盖子很容易打开。他凝视了一会儿里面的羊皮卷，伸手摸了摸。一触到那些羊皮卷，他突然觉得它们好像有了生命，在箱底下蠢蠢欲动，就又赶紧把手缩了回来。他起身来到花格窗前，窗外市集上乱哄哄的声音像洪水一样灌了进来，听上去似乎只有半步之遥。他循声望去，恐惧与惶惑再度袭上心头，临行前的信心消失殆尽。他闭上眼睛，头靠在墙上，哭了起来。“我真傻，一个喂骆驼的僮仆竟然梦想有一天成为世界上最伟大的推销员。现在我连到街上去的勇气都没有。今天总算亲眼看到这么多的推销员。他们看上去都比我条件好得多，有胆量，有热情，有毅力，都比我更能应付险恶的市场，立于不败之地。我真是自不量力，居然以为能够超过他们。柏萨罗老爷，我又要让您失望了。”

他一头栽到床上，带着旅途的劳累，在泪水中睡着了。

醒来已是次日清晨，还没睁眼，就听见鸟儿啁啾地唱着。他坐起身来，睁开双眼，不敢相信地看着一只麻雀停在敞开的箱盖上。他奔到窗前，见外面成群的麻雀

聚集在无花果树上，唱着歌，迎接新一天的来临。有几只小鸟停落在窗台上，海菲稍微一动，它们马上拍动着翅膀飞开了。他回过头来看看箱子，那上面身披羽毛的小客人也正看着他，频频点头。

海菲轻轻地走到箱子旁，伸出手去，小鸟一跃，竟然跳到他的掌心上。“同样是麻雀，成千上百的在外面不敢进来，只有你的胆子最大，敢飞进窗子。”

小鸟在海菲手上啄了一下。少年捧着小鸟走到桌边，从背包里拿出面包和奶酪。他掰了一块面包，用手搓成碎屑，放在小鸟旁边，于是他的小朋友开心地吃起早点。

海菲心中一动，快步来到窗前，用手探了探窗格子

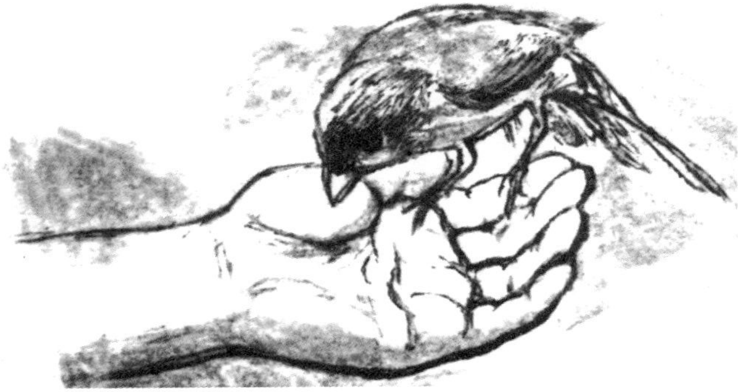

上的小孔。那些孔穴小极了，小鸟几乎不可能飞进来。这时，他记起柏萨罗的话，就大声说了出来，“只要决心成功，失败永远不会把我击垮。”

他转身回到木箱旁边，伸手取出最残旧的一张，小心地展开，困扰着他的恐惧早已无影无踪。他回身看看那只麻雀，发现小鸟也不见了，只有桌上的面包屑和奶酪让他确信那个勇敢的小精灵曾经来过。海菲低头看着羊皮卷，见标题上写着：第一卷。于是他念了下去……

第八章

羊皮卷之一

今天，我开始新的生活。

今天，我爬出满是失败创伤的老茧。

今天，我重新来到这个世上，我出生在葡萄园中，园内的葡萄任人享用。

今天，我要从最高最密的藤上摘下智慧的果实，这葡萄藤是好几代前的智者种下的。

今天，我要品尝葡萄的美味，还要吞下每一粒成功的种子，让新生命在我心里萌芽。

我选择的道路充满机遇，也有辛酸与绝望。失败的同伴数不胜数，叠在一起，比金字塔还高。

然而，我不会像他们一样失败，因为我手中持有航海图，可以领我越过汹涌的大海，抵达梦中的彼岸。

失败不再是我奋斗的代价。它和痛苦都将从我的生命中消失。失败和我，就像水火一样，互不相容。我不再像过去一样接受它们。我要在智慧的指引下，走出失败的阴影，步入富足、健康、幸福的乐园，这些都超出了我以往的梦想。

我要是能长生不老，就可以学到一切，但我不能永生，所以，在有限的人生里，我必须学会忍耐的艺术，因为大自然的行为一向是从容不迫的。造物主创造树中之王橄榄树需要一百年的时间，而洋葱经过短短的九个星期就会枯老。我不留恋从前那种洋葱式的生活，我要成为万树之王——橄榄树，成为现实生活中最伟大的推销员。

怎么可能？我既没有渊博的知识，又没有丰富的经验，况且，我曾一度跌入愚昧与自怜的深渊。答案很简单：我不会让所谓的知识或者经验妨碍我的行程。造物主已经赐予我足够的知识和本能，这份天赋是其他生物望尘莫及的。经验的价值往往被高估了，人老的时候开口讲的多是糊涂话。

说实在的，经验确实能教给我们很多东西，只是这需要花费太长的时间。等到人们获得智慧的时候，其价值已随着时间的消逝而减少了。结果往往是这样，经验丰富了，人也余生无多。经验和时尚有关，适合某一时代的行为，并不意味着在今天仍然行得通。

只有原则是持久的，而我现在正拥有了这些原则。这些可以指引我走向成功的原则全写在这几张羊皮卷里。它教我如何避免失败，而不只是获得成功，因为成功更是一种精神状态。人们对于成功的定义，见仁见智，而失败却往往只有一种解释：**失败就是一个人没能达到他的人生目标，不论这些目标是什么。**

事实上，成功与失败的最大分野，来自不同的习惯。好习惯是开启成功的钥匙，坏习惯则是一扇向失败敞开的门。因此，我首先要做的便是养成良好的习惯，全心全意去实行。

小时候，我常会感情用事，长大成人了，我要用良好的习惯代替一时的冲动。我的自由意志屈服于多年养成的恶习，它们威胁着我的前途。我的行为受到品味、情感、偏见、欲望、爱、恐惧、环境和习惯的影响，其中最厉害的就是习惯。因此，如果我必须受习惯支配的话，那就让我受好习惯的支配。那些坏习惯必须戒除，我要在新的田地里播种好的种子。

我要养成良好习惯，全心全意去实行。

这不是轻而易举的事情，要怎样才能做到呢？靠这些羊皮卷就能做到。因为每一卷里都写着一个原则，可以摒除一项坏习惯，换取一个好习惯，使人进步，走向成功。这也是自然法则之一，只有一种习惯才能抑制另一种习惯。所以，为了走好我选择的道路，我必须养成的第一个习惯是：

每张羊皮卷用三十天的时间阅读，然后再进入下一卷。

清晨即起，默默诵读；午饭之后，再次默读；夜晚睡前，高声朗读。

第二天的情形完全一样。这样重复三十天后，就可以打开下一卷了。每卷都依照同样的方法读上三十天，久而久之，它们就成为一种习惯了。

这些习惯有什么好处呢？这里隐含着人类成功的秘诀。当我每天重复这些话的时候，它们成了我精神活动的一部分，更重要的是，它们渗入我的心灵。那是个神秘的世界，永不静止，创造梦境，在不知不觉中影响我的行为。

当这些羊皮卷上的文字，被我奇妙的心灵完全吸收之后，我每天都会充满活力地醒来。我从来没有这样精力充沛过。我更有活力，更有热情，要向世界挑战的欲望克服了一切恐惧与不安。在这个充满争斗和悲伤的世界里，我竟然比以前更快活。

最后，我会发现自己有了应付一切情况的办法。不久，这些办法就能运用自如。因为，任何方法，只要多练习，就会变得简单易行。

经过多次重复，一种看似复杂的行为就变得轻而易举，实行起来，就会有无限的乐趣，有了乐趣，出于人之天性，我就更乐意常去实行。于是，一种好的习惯便诞生了，习惯成为自然。既是一种好的习惯，也就是我的意愿。

今天，我开始新的生活。

我郑重地发誓，决不让任何事情妨碍我新生命的成长。在阅读这些羊皮卷的时候，我决不浪费一天的时间，因为时光一去不返，失去的日子是无法弥补的。我也决不打破每天阅读的习惯。事实上，每天在这些新习惯上花费少许时间，相对于可能获得的快乐与成功而言，只是微不足道的代价。

当我阅读羊皮卷中的字句时，决不能因为文字的精炼而忽视内容的深沉。一瓶葡萄美酒需要千百颗果子酿制而成，果皮和渣子抛给小鸟。葡萄的智慧代代相传，有些被过滤，有些被淘汰，随风飘逝。只有纯正的真理才是永恒的。它们就精炼在我要阅读的文字中。我要依照指示，决不浪费，饮下成功的种子。

今天，我的老茧化为尘埃。我在人群中昂首阔步，不会有人认出我来，因为我不再是过去的自己，我已拥有新的生命。

第九章

羊皮卷之二

我要用全身心的爱来迎接今天。

因为，这是一切成功的最大秘密。强力能够劈开一块盾牌，甚至毁灭生命，但是只有爱才具有无与伦比的力量，使人们敞开心扉。在掌握了爱的艺术之前，我只算商场上的无名小卒。我要让爱成为我最大的武器，没有人能抵挡它的威力。

我的理论，他们也许反对；我的言谈，他们也许怀疑；我的穿着，他们也许不赞成；我的长相，他们也许不喜欢；甚至我廉价出售的商品都可能使他们将信将疑，然而我的爱心一定能温暖他们，就像太阳的光芒能融解冰冷的冻土。

我要用全身心的爱来迎接今天。

我该怎样做呢？从今往后，我对一切都要满怀爱心，这样才能获得新生。我爱太阳，它温暖我的身体；我爱雨水，它洗净我的灵魂；我爱光明，它为我指引道路；我也爱黑夜，它让我看到星辰。我迎接快乐，它使我心胸开阔；我忍受悲伤，它升华我的灵魂；我接受报酬，因为我为此付出汗水；我不怕困难，因为它们给我挑战。

我要用全身心的爱来迎接今天。

我该怎样说呢？我赞美敌人，敌人于是成为朋友；我鼓励朋友，朋友于是成为手足。我要常想理由赞美别人，决不搬弄是非，道人长短。想要批评人时，咬住舌头；想要赞美人时，高声表达。

飞鸟，清风，海浪，自然界的万物不都在用美妙动听的歌声赞美造物主吗？我也要用同样的歌声赞美她的儿女。从今往后，我要记住这个秘密。它将改变我的生活。

我要用全身心的爱来迎接今天。

我该怎样行动呢？我要爱每个人的言谈举止，因为人人都有值得钦佩的性格，虽然有时不易察觉。我要用爱摧毁困住人们心灵的高墙，那充满怀疑与仇恨的围墙。我要铺一座通向人们心灵的桥梁。

我爱雄心勃勃的人，他们给我灵感；我爱失败的人，他们给我教训；我爱王侯将相，因为他们也是凡人；我爱谦恭之人，因为他们非凡；我爱富人，因为他们孤独；我爱穷人，因为穷人太多了；我爱少年，因为他们真诚；我爱长者，因为他们有智慧；我爱美丽的人，因为他们眼中流露着凄迷；我爱丑陋的人，因为他们有颗宁静的心。

我要用全身心的爱来迎接今天。

我该怎样回应他人的行为呢？用爱心。爱是我打开人们心扉的钥匙，也是我抵挡仇恨之箭与愤怒之矛的盾牌。爱使挫折变得如春雨般温和，它是我商场上的护身符：孤独时，给我支持；绝望时，使我振作；狂喜时，让我平静。这种爱心会一天天加强，越发具有保护力，直到有一天，我可以自然地面对芸芸众生，处之泰然。

我要用全身心的爱来迎接今天。

我该怎样面对遇到的每一个人呢？只有一种办法，我要在心里默默地为他祝福。这无言的爱会闪现在我的眼神里，流露在我的眉宇间，让我嘴角挂上微笑，在我的声音里响起共鸣。在这无声的爱意里，他的心扉向我敞开了。他不再拒绝我推销的货物。

我要用全身心的爱来迎接今天。

最主要的，我要爱自己。只有这样，我才会认真检查进入我身体、思想、精神、头脑、灵魂、心怀的一切东西。我决不放纵肉体的需求，我要用清洁与节制来珍惜我的身体。我决不让头脑受到邪恶与绝望的引诱，我要用智慧和知识使之升华。我决不让灵魂陷入自满的状态，我要用沉思和祈祷来滋润它。我决不让心怀狭窄，我要与人分享，使它成长，温暖整个世界。

我要用全身心的爱来迎接今天。

从今往后，我要爱所有的人。仇恨将从我的血管中流走。我没有时间去恨，只有时间去爱。现在，我迈出成为一个优秀的人的第一步。有了爱，我将成为伟大的推销员，即使才疏智浅，也能以爱心获得成功；相反地，如果没有爱，即使博学多识，也终将失败。

我要用全身心的爱来迎接今天。

第十章

羊皮卷之三

坚持不懈，直到成功。

在古老的东方，挑选小公牛到竞技场格斗有一定的程序。它们被带进场地，向手持长矛的斗士攻击，裁判以它受戳后再向斗牛士进攻的次数多寡来评定这只公牛的勇敢程度。从今往后，我须承认，我的生命每天都在接受类似的考验。如果我坚忍不拔，勇往直前，迎接挑战，那么我一定会成功。

坚持不懈，直到成功。

我不是为了失败才来到这个世界上的，我的血管里也没有失败的血液在流动。我不是任人鞭打的羔羊，我是猛狮，不与羊群为伍。我不想听失意者的哭泣，抱怨者的牢骚，这是羊群中的瘟疫，我不能被它传染。失败者的屠宰场不是我命运的归宿。

坚持不懈，直到成功。

生命的奖赏远在旅途终点，而非起点附近。我不知道要走多少步才能达到目标，踏上第一千步的时候，仍然可能遭到失败。但成功就藏在拐角后面，除非拐了弯，我永远不知道还有多远。

再前进一步，如果没有用，就再向前一点。事实上，每次进步一点点并不太难。

坚持不懈，直到成功。

从今往后，我承认每天的奋斗就像对参天大树的一次砍击，头几刀可能了无痕迹。每一击看似微不足道，然而，累积起来，巨树终会倒下。这恰如我今天的努力。

就像冲洗高山的雨滴，吞噬猛虎的蚂蚁，照亮大地的星辰，建起金字塔的奴隶，我也要一砖一瓦地建造起自己的城堡，因为我深知水滴石穿的道理，只要持之以恒，什么都可以做到。

坚持不懈，直到成功。

我决不考虑失败，我的字典里不再有放弃、不可能、办不到、没法子、成问题、失败、行不通、没希望、退缩……这类愚蠢的字眼。我要尽量避免绝望，一旦受到它的威胁，立即想方设法向它挑战。我要辛勤耕耘，忍受苦楚。

我放眼未来，勇往直前，不再理会脚下的障碍。我坚信，沙漠尽头必是绿洲。

坚持不懈，直到成功。

我要牢牢记住古老的平衡法则，鼓励自己坚持下去，因为每一次的失败都会增加下一次成功的机会；这一次的拒绝就是下一次的赞同；这一次皱起眉头就是下一次舒展的笑容；今天的不幸，往往预示着明天的好运。夜幕降临，回想一天的遭遇，我总是心存感激。我深知，只有失败多次，才能成功。

坚持不懈，直到成功。

我要尝试，尝试，再尝试。障碍是我成功路上的弯路，我迎接这项挑战。我要像水手一样，乘风破浪。

坚持不懈，直到成功。

从今往后，我要借鉴别人成功的秘诀。过去的是非成败，我全不计较，只抱定信念，明天会更好。当我精疲力竭时，我要抵制回家的诱惑，再试一次。我一试再试，争取每一天的成功，避免以失败收场。我要为明天的成功播种，超过那些按部就班的人。在别人停滞不前时，我继续拼搏，终有一天我会丰收。

我不因昨日的成功而满足，因为这是失败的先兆。我要忘却昨日的一切，是好是坏，都让它随风而去。我信心百倍，迎接新的太阳，相信“今天是此生最好的一天”。

只要我一息尚存，就要坚持到底，因为我已深知成功的秘诀：

坚持不懈，终会成功。

第十一章

羊皮卷之四

我是自然界最伟大的奇迹。

自从上帝创造了天地万物以来，没有一个人和我一样，我的头脑、心灵、眼睛、耳朵、双手、头发、嘴唇都是与众不同的。言谈举止和我完全一样的人以前没有，现在没有，以后也不会有。虽然四海之内皆兄弟，然而人人各异。我是独一无二的造化。

我是自然界最伟大的奇迹。

我不可能像动物一样容易满足，我心中燃烧着代代相传的火焰，它激励我超越自己，我要使这团火燃得更旺，向世界宣布我的出类拔萃。

没有人能模仿我的笔迹、我的商标、我的成果、我的推销能力。从今往后，我要使自己的个性充分发展，因为这是我得以成功的一大资本。

我是自然界最伟大的奇迹。

我不再徒劳地模仿别人，而要展示自己的个性。我不但要宣扬它，还要推销它。我要学会去同存异，强调自己与众不同之处，回避人所共有的通性，并且要把这种原则运用到商品上。推销员和货物，两者皆独树一帜，我为此而自豪。

我是独一无二的奇迹。

物以稀为贵。我独行特立，因而身价百倍。我是千万年进化的终端产物，头脑和身体都超过以往的帝王与智者。

但是，我的技艺、我的头脑、我的心灵、我的身体，若不善加利用，都将随着时间的流逝而迟钝，腐朽，甚至死亡。我的潜力无穷无尽，脑力、体能稍加开发，就能超过以往的任何成就。从今天开始，我就要开发潜力。

我不再因昨日的成绩沾沾自喜，不再为微不足道的成绩自吹自擂。我能做得比已经完成的更好。我的出生并非最后一样奇迹，为什么自己不能再创造奇迹呢？

我是自然界最伟大的奇迹。

我不是随意来到这个世上的。我生来应为高山，而非草芥。从今往后，我要竭尽全力成为群峰之巅，将我的潜能发挥到最大限度。

我要吸取前人的经验，了解自己以及手中的货物，这样才能成倍地增加销量。我要字斟句酌，反复推敲推销时用的语言，因为这是成就事业的关键。我决不忘记，许多成功的商人，其实只有一套说辞，却能使他们无往不利。我也要不断改进自己的仪态和风度，因为这是吸引别人的美德。

我是自然界最伟大的奇迹。

我要专心致志对抗眼前的挑战，我的行动会使我忘却其他一切，不让家事缠身。身在商场，不可恋家，否则那会使我思想混沌；另一方面，当我与家人同处时，一定得把工作留在门外，否则会使家人感到冷落。

商场上没有一块属于家人的地方，同样，家中也没有谈论商务的地方，这两者必须截然分开，否则就会顾此失彼，这是很多人难以走出的误区。

我是自然界最伟大的奇迹。

我有双眼，可以观察；我有头脑，可以思考。现在我已洞悉了一个人生中伟大的奥秘。我发现，一切问题、沮丧、悲伤，都是乔装打扮的机遇之神。我不再被他们的外表所蒙骗，我已睁开双眼，看破了他们的伪装。

我是自然界最伟大的奇迹。

飞禽走兽、花草树木、风雨山石、河流湖泊，都没有像我一样的起源，我孕育在爱中，肩负使命而生。过去我忽略了这个事实，从今往后，它将塑造我的性格，引导我的人生。

我是自然界最伟大的奇迹。

自然界不知何谓失败，终以胜利者的姿态出现，我也要如此，因为成功一旦降临，就会再度光顾。

我会成功，我会成为伟大的推销员，因为我举世无双。

我是自然界最伟大的奇迹。

第十二章

羊皮卷之五

假如今天是我生命中的最后一天。

我要如何利用这最后、最宝贵的一天呢？首先，我要把一天的时间珍藏好，不让一分一秒的时间滴漏。我不为昨日的不幸叹息，过去的已够不幸，不要再赔上今日的运道。

时光会倒流吗？太阳会西升东落吗？我可以纠正昨天的错误吗？我能抚平昨日的创伤吗？我能比昨天年轻吗？一句出口的恶言，一记挥出的拳头，一切造成的伤痛，能收回吗？

不能！过去的永远过去了，我不再去想它。

假如今天是我生命中的最后一天。

我该怎么办？忘记昨天，也不要痴想明天。明天是一个未知数，为什么要把今天的精力浪费在未知的事上？想着明天的种种，今天的时光也白白流逝了。企盼今早的太阳再次升起，太阳已经落山。走在今天的路上，能做明天的事吗？我能把明天的金币放进今天的钱袋里吗？明日瓜熟，今日能蒂落吗？明天的死亡能将今天的欢乐蒙上阴影吗？我能杞人忧天吗？明天和昨天一样被我埋葬。我不再想它。

假如今天是我生命中的最后一天。

这是我仅有的一天，是现实的永恒。我像被赦免死刑的囚犯，用喜悦的泪水拥抱新生的太阳。我举起双手，感谢这无与伦比的一天。当我想到昨天和我一起迎接日出的朋友，今天已不复存在时，我为自己的幸存，感激上苍。我是无比幸运的人，今天的时光是额外的奖赏。许多强者都先我而去，为什么我得到这额外的一天？是不是因为他们已大功告成，而我尚在途中跋涉？如果这样，这是不是成就我的一次机会，让我功德圆满？造物主的安排是否别具匠心？今天是不是我超越他人的机会？

假如今天是我生命中的最后一天。

生命只有一次，而人生也不过是时间的累积。我若让今天的时光白白流逝，就等于毁掉人生最后一页。因此，我珍惜今天的一分一秒，因为它们将一去不复返。我无法把今天存入银行，明天再来取用。时间像风一样不可捕捉。每一分一秒，我要用双手捧住，用爱心抚摸，因为它们如此宝贵。垂死的人用毕生的钱财都无法换得一口生气。我无法计算时间的价值，它们是无价之宝！

假如今天是我生命中的最后一天。

我憎恨那些浪费时间的行为。我要摧毁拖延的习性。我要以真诚埋葬怀疑，用信心驱赶恐惧。我不听闲话，不游手好闲，不与不务正业的人来往。我终于醒悟到，若是懒惰，无异于从我所爱之人手中窃取食物和衣裳。我不是贼，我有爱心，今天是我最后的机会，我要证明我的爱心和伟大。

假如今天是我生命中的最后一天。

今日事今日毕。今天我要趁孩子还小的时候，多加爱护，明天他们将离我而去，我也会离开；今天我要深情地拥抱我的妻子，给她甜蜜的热吻，明天她会离去，我也是；今天我要帮助落难的朋友，明天他不再求援，我也听不到他的哀求。我要乐于奉献，因为明天我无法给予，也没有人来领受了。

假如今天是我生命中的最后一天。

如果这是我的末日，那么它就是不朽的纪念日。我把它当成最美好的日子。我要把每分每秒化为甘露，一口一口，细细品尝，满怀感激。我要每一分钟都有价值。我要加倍努力，直到精疲力竭。即使这样，我还要继续努力。我要拜访更多的顾客，销售更多的货物，赚取更多的财富。今天的每一分钟都胜过昨天的每一小时，最后的也是最好的。

假如今天是我生命中的最后一天。

如果不是的话，我要跪倒在上苍面前，深深致谢。

第十三章

羊皮卷之六

今天，我要学会控制情绪。

潮起潮落，冬去春来，夏末秋至，日出日落，月圆月缺，雁来雁往，花开花谢，草长瓜熟，自然界万物都在循环反复的变化中，我也不例外，情绪会时好时坏。

今天，我要学会控制情绪。

这是大自然的玩笑，很少有人窥破天机。每天我醒来时，不再有旧日的心情。昨日的快乐变成今日的哀愁，今日的悲伤又转为明日的喜悦。我心中像有一只轮子不停地转着，由乐而悲，由悲而喜，由喜而忧。这就好比花儿的变化，今天绽放的喜悦也会变成凋谢时的绝望。但是我要记住，正如今天枯败的花儿蕴藏着明天新生的种子，今天的悲伤也预示着明天的快乐。

今天，我要学会控制情绪。

我怎样才能控制情绪，以使每天卓有成效呢？除非我心平气和，否则迎来的又将是失败的一天。花草树木，随着气候的变化而生长，但是我为自己创造天气。我要学会用自己的心灵弥补气候的不足。如果我为顾客带来风雨、忧郁、黑暗和悲观，那么他们也会报之风雨、忧郁、黑暗和悲观，而他们什么也不会买。相反地，如果我为顾客献上欢乐、喜悦、光明和笑声，他们也会报之以欢乐、喜悦、光明和笑声，我就能获得销售上的丰收，赚取成仓的金币。

今天，我要学会控制情绪。

我怎样才能控制情绪，让每天充满幸福和欢乐？我要学会这个千古秘诀：**弱者任思绪控制行为，强者让行为控制思绪。**每天醒来当我被悲伤、自怜、失败的情绪包围时，我就这样与之对抗：

沮丧时，我引吭高歌。

悲伤时，我开怀大笑。

病痛时，我加倍工作。

恐惧时，我勇往直前。

自卑时，我换上新装。

不安时，我提高嗓音。

穷困潦倒时，我想象未来的富有。

力不从心时，我回想过去的成功。

自轻自贱时，我想想自己的目标。

总之，今天，我要学会控制自己的情绪。

从今往后，我明白了，只有低能者才会江郎才尽，我并非低能者，我必须不断对抗那些企图摧垮我的力量。失望与悲伤一眼就会被识破，而其他许多敌人是不易觉察的。他们往往面带微笑，招手而来，却随时可能将我摧毁。对他们，我永远不能放松警惕。

自高自大时，我要追寻失败的记忆。

纵情享受时，我要记得挨饿的日子。

洋洋得意时，我要想想竞争的对手。

沾沾自喜时，不要忘了那忍辱的时刻。

自以为是时，看看自己能否让风驻步。

腰缠万贯时，想想那些食不果腹的人。

骄傲自满时，要想到自己怯懦的时候。

不可一世时，我要抬头，仰望群星。

今天，我要学会控制情绪。

有了这项新本领，我也更能体察别人的情绪变化。我可以宽容怒气冲冲的人，因为他尚未懂得控制自己的情绪，我可以忍受他的指责与辱骂，因为我知道明天他会改变，重新变得随和。

我不再只凭一面之交来判断一个人，也不再因一时的怨恨与人绝交，今天不肯花一分钱购买金篷马车的人，明天也许会用全部家当换取树苗。知道了这个秘密，我可以获得极大的财富。

今天，我要学会控制自己的情绪。

我从此领悟了人类情绪变化的奥秘。对于自己千变万化的个性，我不再听之任之，我知道，只有积极主动地控制情绪，才能掌握自己的命运。

我控制自己的命运，而我的命运就是成为世界上最伟大的推销员！我成为自己的主人。我由此而变得伟大。

第十四章

羊皮卷之七

我要笑遍世界。

只有人类才会笑。树木受伤时也会流“血”，禽兽也会因痛苦和饥饿而哭嚎哀鸣，然而，只有我才具备笑的天赋，可以随时开怀大笑。从今往后，我要培养笑的习惯。

笑有助于消化，笑能减轻压力，笑是长寿的秘方。现在我终于掌握了它。

我要笑遍世界。

我笑自己，因为自视甚高的人往往显得滑稽。千万不能跌进这个精神陷阱。虽说我是造物主最伟大的奇迹，我不也是沧海一粟吗？我真的知道自己从哪里来，到哪里去吗？我现在所关心的事情，十年后看来，不会显得愚蠢吗？为什么我要让现在发生的微不足道的琐事烦扰我？在这漫漫的历史长河中，能留下多少日落的记忆呢？

我要笑遍世界。

当我受到别人的冒犯时，当我遇到不如意的事情时，我只会流泪诅咒，却怎么笑得出来？有一句至理名言，我要反复练习，直到它们深入我的骨髓，出口成言，让我永远保持良好的心境。这句话，传自远古时代，它们将陪我渡过难关，使我的生活保持平衡。这句至理名言就是：**这一切都会过去。**

我要笑遍世界。

世上种种到头来都会成为过去。心力衰竭时，我安慰自己，这一切都会过去；当我因成功洋洋得意时，我提醒自己，这一切都会过去；穷困潦倒时，我告诉自己，这一切都会过去；腰缠万贯时，我也告诉自己，这一切都会过去。是的，昔日修筑金字塔的人早已作古，被埋在冰冷的石头下面，而金字塔有朝一日，也会埋在沙土下面。如果世上种种终必成空，我又为何对今天的得失斤斤计较？

我要笑遍世界。

我要用笑声点缀今天，我要用歌声照亮黑夜。我不再苦苦寻觅快乐，我要在繁忙的工作中忘记悲伤。我要享受今天的快乐，它不像粮食可以贮藏，更不似美酒越陈越香。我不是为将来而活。今天播种今天收获。

我要笑遍世界。

笑声中，一切都显露本色。我笑自己的失败，它们将化为梦的云彩；我笑自己的成功，它们回复本来面目；我笑邪恶，它们远我而去；我笑善良，它们发扬光大。我要用我的笑容感染别人，虽然我的目的自私，但这确是成功之道，因为皱起的眉头会让顾客弃我而去。

我要笑遍世界。

从今往后，我只因幸福而落泪，因为悲伤、悔恨、挫折的泪水在商场上毫无价值，只有微笑可以换来财富，善言可以建起一座城堡。

我不再允许自己因为变得重要、聪明、体面、强大，而忘记如何笑对自己和周围的一切。在这一点上，我要永远像小孩子一样，因为只有做回小孩子，我才能尊敬别人；尊敬别人，我才不会自以为是。

我要笑遍世界。

只要我能笑，就永远不会贫穷。这也是天赋，我不再浪费它。只有在笑声和快乐中，我才能真正体会到成功的滋味；只有在笑声和快乐中，我才能享受到劳动的果实。如果不是这样的话，我会失败，因为快乐是提味的美酒佳酿。要想享受成功，必须先有快乐，而笑声便是那伴娘。

我要快乐。

我要成功。

我要成为世界上最伟大的推销员。

第十五章

羊皮卷之八

今天，我要加倍重视自己的价值。

桑叶在天才的手中变成了丝绸。

粘土在天才的手中变成了堡垒。

柏树在天才的手中变成了殿堂。

羊毛在天才的手中变成了袈裟。

如果桑叶、粘土、柏树、羊毛经过人的创造，可以成百上千倍地提高自身的价值，那么我为什么不能使自己的身价提升百倍呢？

今天，我要加倍重视自己的价值。

我的命运如同一颗麦粒，有着三种不同的道路。一颗麦粒可能被装进麻袋，堆在货架上，等着喂猪；也可能被磨成面粉，做成面包；还可能撒在土壤里，让它生长，直到金黄色的麦穗上结出成百上千颗麦粒。

我和一颗麦粒唯一的不同在于：麦粒无法选择是变得腐烂还是被做成面包，或是被种植生长。而我有选择的自由，我不会让生命腐烂，也不会让它在失败、绝望的磨盘下被磨碎，任人摆布。

今天，我要加倍重视自己的价值。

要想让麦粒生长、结实，必须把它种植在黑暗的泥土中，我的失败、失望、无知、无能便是那黑暗的泥土，我须深深地扎在泥土中，等待成熟。麦粒在阳光雨露的哺育下，终将发芽、开花、结实。同样，我也要健全自己的身体和心灵，以实现自己的梦想。麦粒须等待大自然的契机方能成熟，我却无须等待，因为我有选择自己命运的能力。

今天，我要加倍重视自己的价值。

怎样才能做到呢？首先，我要为每一天、每一星期、每一月、每一年，甚至我的一生确立目标。正像种子需要雨水的滋润才能破土而出，发芽长叶，我的生命也须有目标方能结出硕果。在制定目标的时候，不妨参考过去最好的成绩，使其发扬光大。这必须成为我未来生活的目标。永远不要担心目标过高。取法乎上，得其中也；取法乎中，得其下也。

今天，我要加倍重视自己的价值。

高远的目标不会让我望而生畏，虽然在达到目标以前可能屡受挫折。摔倒了，再爬起来，我不灰心，因为每个人在抵达目标前都会受到挫折。只有小爬虫不必担心摔倒。我不是小爬虫，不是洋葱，不是绵羊。我是一个人。让别人挖他们的粘土造洞穴吧，我只要造一座城堡。

今天，我要加倍重视自己的价值。

太阳温暖大地，麦粒吐穗结实。这些羊皮卷上的话也会照耀我的生活，使梦想成真。今天我要超越昨日的成就。我要竭尽全力攀登今天的高峰，明天更上一层楼。超越别人并不重要，超越自己才是最重要的。

今天，我要加倍重视自己的价值。

春风吹熟了麦穗，风声也将我的声音吹往那些愿意聆听者的耳畔。我要宣告我的目标。君子一言，驷马难追。我要成为自己的预言家。虽然大家可能嘲笑我的言辞，但会倾听我的计划，了解我的梦想，因此我无处可逃，直到兑现了诺言。

今天，我要加倍重视自己的价值。

我不能放低目标。

我要做失败者不屑一顾的事。

我不停留在力所能及的事上。

我不满足于现有的成就。

目标达到后再定一个更高的目标。

我要努力使下一刻比此刻更好。

我要常常向世人宣告我的目标。

但是，我决不炫耀我的成绩。让世人来赞美我吧，但愿我能明智而谦恭地接受它们。

今天，我要加倍重视自己的价值。

一颗麦粒增加数倍以后，可以变成数千株麦苗，再把这些麦苗增加数倍，如此数十次，它们可以供养世上所有的城市。难道我不如一颗麦粒吗？

当我完成这件事，我要再接再厉。当羊皮卷上的话在我身上实现时，世人会惊叹于我的伟大。

第十六章

羊皮卷之九

我的幻想毫无价值，我的计划渺如尘埃，我的目标不可能达到。

一切的一切毫无意义——除非我们付诸行动。

我现在就付诸行动。

一张地图，不论多么详尽，比例多么精确，它永远不可能带着它的主人在地面上移动半步。一个国家的法律，不论多么公正，永远不可能防止罪恶的发生。任何宝典，即使是我手中的羊皮卷，也永远不可能创造财富。只有行动才能使地图、法律、宝典、梦想、计划、目标具有现实意义。行动像食物和水一样，能滋润我，使我成功。

我现在就付诸行动。

拖延使我裹足不前，它来自恐惧。现在我从所有勇敢的心灵深处，体会到这一秘密。我知道，要想克服恐惧，必须毫不犹豫，起而行动，唯其如此，心中的慌乱方得以平定。现在我知道，行动会使猛狮般的恐惧，减缓为蚂蚁般的平静。

我现在就付诸行动。

从此我要记住萤火虫的启迪：只有在振翅的时候，才能发出光芒。我要成为一只萤火虫，即使在艳阳高照的白天，我也要发出光芒。让别人像蝴蝶一样，舞动翅膀，靠花朵的施舍生活；我要做萤火虫，照亮大地。

我现在就付诸行动。

我不把今天的事情留给明天，因为我知道明天是永远不会来临的。现在就去行动吧！即使我的行动不会带来快乐与成功，但是动而失败总比坐而待毙好。行动也许不会结出快乐的果实，但是没有行动，所有的果实都无法收获。

我现在就付诸行动。

立刻行动！立刻行动！立刻行动！从今往后，我要一遍又一遍，每时每刻重复这句话，直到成为习惯，好比呼吸一般，直到成为本能，好比眨眼一样。有了这句话，我就能调整自己的情绪，迎接失败者避而远之的每一次挑战。

我现在就付诸行动。

我要一遍又一遍地重复这句话。

清晨醒来时，失败者流连于床榻，我却要默诵这句话，然后开始行动。

我现在就付诸行动。

外出推销时，失败者还在考虑是否会遭到拒绝的时候，我要默诵这句话，以此面对第一个来临的顾客。

我现在就付诸行动。

面对紧闭的大门时，失败者怀着恐惧与惶惑的心情，在门外等候；我却默诵这句话，随即上前敲门。我现在就付诸行动。

面对诱惑时，我默诵这句话，然后远离罪恶。

我现在就付诸行动。

只有行动才能决定我在商场上的价值。若要使我的价值加倍，我的努力也必须加倍。我要前往失败者惧怕的地方，当失败者休息的时候，我要继续工作。失败者沉默的时候，我开口推销。我要拜访十户可能买我东西的人家，而失败者在一番周详的计划之后，却只拜访一家。在失败者认为为时太晚时，我能够说自己已经大功告成。

我现在就付诸行动。

现在是我的所有。明日是为懒汉保留的工作日，我并不懒惰；明日是弃恶从善的日子，我并不邪恶；明日是弱者变为强者的日子，我并不软弱；明日是失败者借口成功的日子，我并不是失败者。

我现在就付诸行动。

我是雄狮，我是苍鹰，饥即食，渴即饮。除非行动，否则死路一条。

我渴望成功、快乐、心灵的平静。除非行动，否则我将在失败、不幸、夜不成眠的日子中死亡。

我发布命令。我要服从自己的命令。

我现在就付诸行动。

成功不是等待。如果我迟疑，她会投入别人的怀抱，永远弃我而去。

此时。此地。此人。

我现在就付诸行动。

第十七章

羊皮卷之十

即使是没有信仰的人，遇到灾难的时候，不也是呼求神的保佑吗？一个人在面临危险、死亡或一些从未见过或无法理解的神秘之事时，不曾失声大喊吗？每一个生灵在危险的刹那都会脱口而出的这种强烈的本能是由何而生的呢？

把你的手在别人眼前出其不意地挥一下，你会发现他的眼睑本能地一眨；在他的膝盖上轻轻一击，他的腿会一抖；在黑暗中吓一个朋友，他会本能地大叫一声“天啊”。

不管你有没有宗教信仰，这些自然现象谁也无法否认。世上的所有生物，包括人类，都具有求助的本能。

为什么我们会有这种本能、这种恩赐呢？

我们发出的喊声，不是一种祈祷的方式吗？人们无法理解，在一个受自然法则统治的世界里，上苍将这种求救的本能赐予了羊、驴子、小鸟、人类，同时也规定这种求救的声音应被一种超凡的力量听到并作出回应。从今往后，我要祈祷，但是我只求指点迷津。

我从不求物质的满足。我不祈求有仆人为我送来食物，不求屋舍、金银财宝、爱情、健康、小的胜利、名誉、成功或者幸福。我只求得到指引，指引我获得这些东西的途径，我的祷告都有回音。

我所祈求的指引，可能得到，也可能得不到，但这两种结果不都是一种回音？如果一个孩子问爸爸要面包，面包没有到手，这不也是父亲的答复吗？

我要祈求指导，以一个推销员的身份来祈祷——

万能的主啊，帮助我吧！今天，我独自一人，赤条条地来到这个世上，没有您的双手指引，我将远离通向成功与幸福的道路。

我不求金钱或衣衫，甚至不求适合我能力的机遇，我只求您引导我获得适合机遇的能力。

您曾教狮子和雄鹰如何利用牙齿和利爪觅食。求您教给我如何利用言辞谋生，如何借助爱心得以兴旺，使我能成为人中的狮子，商场上的雄鹰。

帮助我！让我经历挫折和失败后仍能谦恭待人，让我看见胜利的奖赏。

把别人不能完成的工作交给我，指引我由他们的失败中，撷取成功的种子。让我面对恐惧，好磨炼我的精神。给我勇气嘲笑自己的疑虑和胆怯。

赐给我足够的时间，好让我达到目标。帮助我珍惜每日如最后一天。

引导我言出必行，行之有果。让我在流言蜚语中保持缄默。

鞭策我，让我养成一试再试的习惯。教我使用平衡法则的方法。让我保持敏感，得以抓住机会。赐给我耐心，得以集中力量。

让我养成良好的习惯，戒除不良嗜好。赐给我同情心,同情别人的弱点。让我知道,一切都将过去,却也能计算每日的恩赐。

让我看出何谓仇恨,使我对它不再陌生。但让我充满爱心,使陌生人变成朋友。

但这一切祈求都要合乎您的意愿。我只是个微不足道的人物,如那孤零零挂在藤上的葡萄。然而您使我与众不同。事实上,我必须有一个特别的位置。指引我,帮助我,让我看到前方的路。

当您把我种下,让我在世界的葡萄园里发芽,让我成为您为我计划的一切。

帮助我这个谦卑的推销员吧!

主啊,指引我!

第十八章

海菲孤独地等着接受羊皮卷的人。陪伴他的只有老总管伊拉玛。眼看着春去秋来，一年一年地过去，年迈的他什么事都做不了了，每天只是静静地坐在花园里。他等待着。

自从处理完那世界上最大的财富，解散了浩大的商业王国，他已经等了整整三年。

一天，从沙漠以外的东方来了一个身材修长、跛着脚的陌生人。那人走进大马士革城，穿过几条街道，一直来到海菲的大厦前面。要是在以往，伊拉玛准会彬彬有礼地把门打开，可是这回他却站着不动。陌生人只得重复道："我想拜见您家主人。"

这位陌生人容易让人起疑心。他的草鞋破破烂烂，用绳子绑着。他那褐色的腿，伤痕累累，残留着刀疤和

抓破的痕迹。腰上束了条骆驼毛缠腰带，破烂不堪。头发又长又乱。眼睛布满血丝，像是被太阳晒红的，又像是里面在燃烧。

伊拉玛紧紧地握着门上的把手，“你找我们老爷有什么事？”

陌生人把肩上的袋子放在地上，双手合十地哀求道：“好心人，求您让我见见您家主人。我没有什么恶意，也不是来求他施舍。我只有几句话要说，如果我惹他生气，我立刻就走。”

伊拉玛仍然半信半疑，慢慢地把门打开。他朝里面点了点头，转身快步走向花园。来访者一瘸一拐地跟在后面。

花园里，海菲正在打盹。伊拉玛站在他面前犹豫了一会儿，然后干咳了几声，海菲动了一下。他又咳了一声，老人睁开了眼睛。

“对不起，老爷，有客人要见您。”

海菲现在醒过来了，目光落在陌生人的身上。只见他深鞠一躬，说道：“您就是大家说的最伟大的推销员？”

海菲皱了皱眉，然后点点头，“那是以前的说法了。现在我老了，配不上这顶桂冠了。你来这里有什么事吗？”

来人在海菲面前略显不安，双手抚在胸前。他眨了眨眼睛，目光柔和。只听他回答道：“我叫扫罗，从耶路撒冷来，打算回老家塔苏斯。请您不要因为我容貌可憎就把我当成坏人。我不是蛮荒之地的强盗，也不是流落街头的乞丐。我是塔苏斯人，也是罗马公民。我的同胞是便雅悯的犹太部落中的法利赛教徒。我虽然做帐篷生意，可也在加亚利念过书，有人叫我保罗。”他说话的时候，身子轻轻地摇晃着。这时海菲才从困倦中全然清醒，带着歉意，示意客人落座。

保罗点点头，却依然站立不动，“我来这里，是想求得您的指导和帮助，只有您才能做到这一点。我可不可以把自己的故事告诉您？”

伊拉玛站在客人的身后，拼命地摇头。海菲装作没

看见，兀自打量着这位在他睡着时来临的不速之客，终于点点头："我年纪大了，没办法一直仰着头看你。来，坐到我身边来，慢慢地说给我听。"

保罗把他的行李袋推到一边，靠近老人跪下来。老人静静地等着。

"四年前，由于我受到多年以来陈习陋见的影响，虔诚于所谓的真理。后来，我替官方作证，使得一名叫作史蒂芬的圣徒在耶路撒冷被投石致死。他被犹太最高法庭以亵渎神灵的罪名判处死刑。"

海菲不解地问道：

"可是，这和我有什么关系呢？"

保罗伸手止住老人的话，“我这就解释给您听。史蒂芬是耶稣的门徒。在他被石块打死的前一年，耶稣被罗马人以煽动叛乱的罪名钉死在十字架上。史蒂芬坚持说，耶稣是救世主，他的来临早有犹太先知预言过，而祭司勾结罗马政府，用阴谋杀害了这位上帝之子。说出这种冒犯当权的话必死无疑。我刚才说过，我也参与了对他的迫害。

“不但如此，由于我的盲从和年轻的狂热，我接受了神殿最高祭司的指派，到大马士革来，四处搜捕耶稣的门徒，把他们用链子带回耶路撒冷，接受审判。这就是四年前的我。”

伊拉玛向主人瞟了一眼，心里吃了一惊。他看到老人的眼神显出多年未见的光彩。这时，只有园中的喷水池水声潺潺。保罗又继续说道：

“在我像杀人犯一样前往大马士革的途中，突然有一道亮光从天而降，我没有被它击中，却发现自己已跌倒在地上，双目失明，只有耳边传来一个声音：‘保罗，你为什么迫害我？’我问道:‘你是谁？’那个声音说:‘我就是一直受你迫害的耶稣。起来，进城去，会有人告诉你该怎么办？’

“于是，我起身前往大马士革，三天三夜滴水未进。我住在耶稣的一个门徒家里。后来有一个名叫亚拿尼亚

的人来找我，他说他见到异象才来的。然后，他把手放在我的眼睛上，我的眼睛就复明了。事后，我开始进食，恢复了体力。”

“然后呢？”海菲倾着身子问道。

“他们带我到一个集会上，由于我曾迫害耶稣，所以他的门徒一看到我都很紧张。不管怎么说，我还是开始传道。我的话使他们大为惊讶，因为我对他们说，那个被钉死在十字架上的耶稣，的确是神的儿子。

“但是，许多人听了我的话，仍然怀疑其中有诈，以为我要为耶路撒冷带来更大的灾难。我无法让他们相信我的心已经改变。许多人想除掉我，我迫不得已翻墙

逃了出来，回到耶路撒冷。

“没想到耶路撒冷的情况也是一样。尽管我在大马士革的讲话已经不胫而走，可还是没有人肯相信我。我不顾一切地按基督的旨义布道，然而毫无收效，处处遭人反对。直到有一天，我到圣殿去，在庭院中看到有人在贩卖鸽子、绵羊这些祭品。突然有声音对我说……”

“这一次说什么？”伊拉玛脱口而出。海菲笑了笑，点头示意保罗往下说。

“那声音说：‘你传播上帝的话已近四年，但毫无希望之光。要知道即使是神的话语，也需要推销给众人，否则他们不会接受。我不是也借助寓言让所有的人都听懂吗？你这样生硬的演说不会有什么效果。回到大马士革去，设法找到那个世界上最伟大的推销员，如果你想把我的话传给世人，就要向他虚心请教。'"

海菲看了一眼伊拉玛。老总管早已心领神会：这个人是不是主人等待多年的人？海菲向前探着身子，手搭在保罗的肩上，"告诉我耶稣的事情"。

保罗为之一振，滔滔不绝地讲起耶稣的故事。主仆二人安静地听着。他说犹太人一直在等待弥赛亚的来临，等待他来把大家团结起来，创造一个新的独立王国，充满快乐与和平。他谈到施洗约翰，谈到一个叫作耶稣的人在历史舞台上的出现。他谈到这个人所行的神迹和所传的道。他使死者复活，他对税吏的态度，被钉十字架，埋葬与复活。最后，为了加深印象，保罗从行李袋中拿出一件红色的袍子，放在海菲的腿上。"老爷，您手中拥有的财富都是耶稣留下的。他把拥有的一切都分给了世人，甚至他的生命。在他的十字架下，罗马士兵以抽签的方式决定这件袍子归谁所有。我在耶路撒冷四处寻找，费了好大的周折，总算把它拿了回来。"

海菲把这件溅满血迹的袍子翻转过来的时候，脸色苍白，双手颤抖。伊拉玛被主人的样子吓了一跳，忙走到老人身边。海菲翻来覆去地看着袍子，直到他看见里面

绣着的两个标志——托勒作坊的星星和柏萨罗的方框圆圈商标。

保罗和伊拉玛看着老人把长袍贴在脸上，轻轻擦着。他摇摇头，不可能，当年这种袍子卖出去不止一千件。

海菲仍然紧紧地抱着长袍，用低哑的声音说："告诉我这个耶稣出生时的情形。"

保罗说："他走的时候，一无所有；来的时候，也很寒微。他生在伯利恒的一个山洞里，那时正碰上奥古斯都人口普查。"

海菲笑得像个孩子，更令人不解的是，老人皱纹密

布的脸上淌下眼泪。他用手拂干眼泪，说道：“在这婴儿出生的时候，天上是不是有一颗最明亮的星星？”

保罗张着口，说不出话来，其实也用不着说什么。海菲伸出双臂拥抱保罗，这一回两人都流泪了。

老人终于站起身来，招呼伊拉玛道：“老伙计，去塔楼上把箱子抬下来。我们总算找到等候已久的人了。”

羊皮卷的实践

第十九章

在我们讨论这十张羊皮卷之前，我们先开诚布公地谈一谈。

我来说。

你来听。

买这本书，根本就是浪费金钱。

不管这本书是关心你的朋友送的，还是你自己买的，钱都白花了。

除非你愿意接受并尝试书中的计划，这项计划在许多人身上都试验过，非常有效。

除非你有决心，有毅力，有勇气，坚持到底，按本书的计划实行，否则你花在这本书上的时间和金钱就都白费了。

除非你愿意每天花上十分钟的时间，并且一直这样坚持 45 个星期，否则钱就白花了。

我不是希腊神话中的先知，但是我敢打赌，尝试了这本书中的计划，一年内你的收入增加一倍或者两倍的概率是 75 ：1。

“但是我和别人不一样！”你提醒我。

真的不一样吗？新年伊始时，你订的计划有几样完成了？你说过要减肥、戒烟、戒酒……结果呢？

你要自欺欺人到何时呢？

或许你真的有一股想要成功的欲望。婚姻带来的责任，为人父母的义务，渴望新居、汽车，还有要偿还那高筑的债台，这一切的实现都要靠你自己的努力才行。

但是只凭一股想要成功的念头并不够。《无限的成功》这本杂志致力于帮助人们改善事业及私人生活。作为该刊物的主编，我很久以前便意识到，对于成功的渴望分为两种，其中有一种是虚假的。怀有这种虚假欲望的人不停地告诉家人、上司，甚至自己，他真的渴望成功。他阅读所有找得到的关于自我帮助一类的书籍，从阅读别人成功的事迹中得到快感，就好像有人通过阅读色情书籍得到快感一样。遗憾的是，他们从来不能身临其境，而只是在想象中参与别人的生活和行为，他们像看客一样，只看不做。

对这类幻想家来说，明天才是最伟大的日子。

明天永远不会来临。

如果我的话刺痛了你，请别在意。其实，我们每个人，多多少少都有一些这种虚假的欲望。我们向他人许诺。这许诺，我们心中明白无法兑现，只不过为了取悦上司或家人，几乎没有意识到这种谎言对我们自身人格的伤害。

今天是你改过自新的机会。不要再做虚假的承诺，不要再朝令夕改，不要再欺骗自己了。

当你一天天按照本书提供的计划进行时，你会渐渐发现一个重要的真理：你是造物主最伟大的奇迹。要模仿你的大脑，需要纽约帝国大厦的所有内部电子设备。你举世无双，独一无二。你是千百万年人类进化的结晶。无论智能，还是体能，你都远远超过所罗门、恺撒或是柏拉图。你能使生活更美好，人生更有意义。

有史以来，没有任何人比你更具潜力。

但如果你只是坐在那儿，告诉世人，明天开始你将变得多么伟大，那么你永远不会成功。总有一天，你那态度友好的收账人或是房东会对你的诺言不屑一顾。你的信用迟早会荡然无存。总有一天，你或者起而行动，或者免开尊口。

这本书将告诉你如何开始行动，它将给你一次成功的机会。

本书在欧美出版时，立刻引起了罕见的轰动。很少有书，尤其是营销方面的书首版超过25万册的销售量。作者和出版商没有想到一本讲述耶稣时代一个推销员的小册子能在现代社会受到空前的欢迎。更令人惊讶的是，自本书问世以来，每年的销售量有增无减。

美国营销机构负责人很快意识到本书潜在的推动力。有一家大公司在本书刚刚出版时就买下了3万册！购买本书的著名企业包括：可口可乐、美国联合保险公司、成功推动集团、大众汽车公司、西南公司、特拉华保险公司、蒸汽动力公司、肯塔基州人寿保险、牛排啤酒联营店，等等。

本书问世后不久，作者和出版商惊喜地发现，购买者并不局限于推销员，市场较想象中的更为广阔。个人与团体纷纷来函询问有关羊皮卷的进一步资料，如：艺术团体、监狱管理员、管理人员、政治家、大学教授、军人、医生、学生、职业运动员……甚至还有一个智障儿童治疗中心。

曾经有一位推销员，在盗用公款后，买了一支枪，打算结束生命，但是这本书救了他。他看完此书，回到公司，承认过错，偿还钱财，公司给了他自新的机会。

本书乍看起来，像是一本专门为推销人员写的书，但事实上，它适合所有寻找人生价值的人。它确是一份不可多得的厚礼。经理购买此书，赠予手下的业务员，父母买给孩子，太太买给丈夫。

但愿本书不像其他成堆的营销书籍一样，虽然内容丰富，有理论、图解、技巧，却不实用，让你永远期待明天或者下个星期。

不论你的职业是什么，这十张羊皮卷对你都非常有益。再对自己真诚地许诺一次，只要在45周内，每天花十分钟的时间——不过是洗一次澡的时间，如果在未来的十个月中，收入增加一倍或两倍，不是很划得来的事情吗？

现在，我不问你对人生期盼些什么，恐怕你一时难以回答。我不打算问你现在有多少财产，一年后，甚至五年后希望它们有什么变化。这些问题都是陈词滥调，你可以在许多关于自我帮助的书上见到。

我们只需要了解下面四项事实。你现在的职位、薪水，45周后当你完成这些成功记录时的职位、薪水。

拿出一张纸，静静地写下自己的备忘录：

致：（你的姓名）　　　　　日期________

目前的职位：

目前的薪水：

45周后的职位：

45周后的薪水：

好了！签上名吧。把它放好，对谁也别说。现在就开始行动。拖延是最要不得的习惯。

为什么我不让你多写一点，好让你在十个月后得到更多？比如一栋新房子、为孩子准备的大学基金，或者梦想很久的摄影机？因为没有必要。如果你能达到那备忘录上的职位与薪水，那么你所期待的其他一切物质方面的东西都会随之而来。过多的列举是不必要的！你知道自己想要什么。而你每天填写的成功记录日记会帮你步入正轨。

第二十章

你可以在任何一个星期一开始填写你的成功记录表。一旦开始，就不能中断，除非患有严重的疾病。

还有一个例外。如果在你执行这项计划的过程中，碰巧有一次休假，那么尽管让自己去享受假日的轻松。然后，一旦假期结束，就立刻继续执行计划。

现在你要开始阅读第一张羊皮卷。这一卷会告诉你阅读其他几卷的方法以及时间的安排。在你开始进入这项计划的那个星期一之前的周末，把这一卷预先多看几遍。

注意！千万不要因为卷内叙述的方法太简单而泄气。要知道简单平易才是成功的关键。

现在，你马上就要开始学习对付一个最顽固的敌人——你的坏习惯。第一张羊皮卷谈的就是摆脱这些坏习惯的方法。慢慢看，手中不妨拿一支笔，把自己认为最有意义、最有启发的句子划下来。

当你往下进行的时候，你会发现有人陪伴着你。那就是我！我会一路陪着你。

羊皮卷之一（略）

现在，在你往下进行之前，重新阅读这张羊皮卷。里面有一些关键性的句子，我希望你能划下来：

“当我每天重复这些话的时候，它们成了我精神活动的一部分，更重要的是，它们渗入我的心灵。那是个神秘的世界，永不静止，创造梦境，在不知不觉中影响我的行为。”

用现在的话说，这段话是让你调节意识。你要开始把新的材料输入到下意识中去，那是人体的“控制箱”，指挥我们的行为和志向。这项技术没有什么稀奇古怪的。许多杰出人物不断地改进自己的“程序”，使自己可以本能地应付千变万化的环境，从而受益无穷。美国联合保险公司主席克莱门特·斯通就是由于采用了以上的方法，使自己拥有四亿多美元的资产。

或许你的目标没有那么高。不管怎么样，我们不妨一试。

第二十一章

高山滑雪是人与环境以及时间的竞赛。每当我看到输赢之间只差极短的时间时，我就不禁摇头同情那输家。

第一名的时间是1分37秒22。

第二名的时间是1分37秒25。

也就是说，冠军与平庸之间，只差0.03秒，连眨眼的时间都不够！

到底冠军与输家之间有什么不同呢？运气？也许是。但也许冠军多下了一点点功夫，多花了一点点时间。也许冠军肯下功夫对付自己的坏习惯，直到把它从自己的行为中戒除掉。这样，他在高山滑雪时少用了一点点时间，而这就足以使他成功。

现在回到你自己的情况。首先你得承认，你确实有一些，或许很多坏习惯。而且你知道它们是什么，或许是拖拉、放纵、懒惰、邋遢、坏脾气、缺乏毅力，肯定不止这些。你肯定心里明白，只要这些不良习惯存在，你就不可能有太大长进。

每当我看到美元票面上华盛顿的肖像时，看着他在白色卷发映衬下那平静、自信、显示着自控能力的面庞，我简直难以相信他年轻时曾有一头红发，脾气火爆。

要是他没有学会靠自控力改变自己的坏习惯，那恐怕就无法叱咤风云，率领没有受过训练的民兵战胜乔治王的军队，恐怕他也不会成为美国第一任总统。

本杰明·富兰克林大概算得上美国历史上最有影响力的伟人，他博学多才，是爱国者、科学家、作家、外交家、发明家、画家、哲学家。他自修法文、西班牙文、意大利文、拉丁文，并引导美国走上独立之路。

但是，就连富兰克林也有不好的习惯，正如他自己清楚的那样。与众不同的是，他下决心想方设法改掉它们。他不愧是一个发明家，他为自己制定了一个戒除恶习的妙方。他首先列出获得成功必不可少的 13 个条件：节制、沉默、秩序、果断、节俭、勤奋、诚恳、公正、中庸、清洁、平静、纯洁、谦逊。

在那本不朽的自传中，他提及了使用这个妙方的方法。“我打算获得这13种美德，并养成习惯。为了不致分散精力，我不指望一下子全做到，而要逐一进行，直到我能拥有全部美德为止。”

他的妙方中，有一点借鉴了毕达哥拉斯的忠告，即每个人应该每日反省。他设计了第一套成功记录表：

“我制作了一个小册子，每一个美德占去一页，画好格子，在反省时若发现有当天未达到的地方，就用笔做个记号。”

妙方对这位伟人起了什么样的作用呢？

弗兰克·贝特格，这位善写自我激励一类书籍的作家，曾在《从失败到成功的推销经验》一书中写道：“当富兰克林79岁时，写了整整15页纸，特别记叙了他的这一项伟大发明，因为他认为自己的一切成功与幸福受益于此。”

富兰克林在自传中写道：“我希望我的子孙后代能效仿这种方式，有所收益。”

弗兰克·贝特格效仿富兰克林的妙方，从一个平庸的推销员成为美国人寿保险事业的创始人。

这个妙方对你是否有效呢？

第二十二章

俯卧撑。

在我们开始进行下一张羊皮卷之前，先来想一下这个问题。

如果你趴在地上，就是现在，你能做多少个俯卧撑？6个，10个，12个？就算10个好了。两周以后再做做看，多少个？可能还是10个。

但是，如果你今天做10个，明天再做，后天继续，一直到两个星期以后，看看你能做几个？可能是30、40、50，或者更多。为什么？因为你肩膀和手臂上的肌肉由于每天的练习而强健，你不断对它们进行调整，使它们适应每天逐渐增大的强度。每天抽出一点时间，使俯卧撑的个数增加一两个，这是轻而易举的事情。累积起来，就相当可观了。这只是一个简单的例子。事实上，你是自然界的奇迹。那些对你肩上的肌肉起作用的法则，同样适用于你的头脑。你现在就动员它做一件此刻看来不可思议的事情。

准备好了吗?

好吧，我们先复习一下第一张羊皮卷。然后，从星期一开始执行新的计划。起床后到出门上班前这段时间里，你要看一下第二张羊皮卷。大约中午的时候，再看一遍，就是说你得随身带着它，把它放进公文包里，或者车上。晚上就寝前，再看一遍，这次要大声朗读。你也许得向家人解释一下这种举动，他们知道了你能从中受益，一定会支持你的。

在第二卷的后面，你会看到成功记录表，够你填五个星期，其目的是帮助你遵循第一卷的规定，在 30 天内，阅读，思考，并且付诸行动。

设计这些成功记录表是有目的的，它们可以使你像富兰克林那样，每天进行自我检验。这些表格将帮助你简明扼要地总结每天的行为，记录下当日的美德、品质、好习惯，以及坚持计划的意志力。

当你完成第一天的工作时，在成功记录表“星期一”一栏中填上日期，然后在特定某栏注明你当天阅读羊皮卷的次数（但愿是三次），最后把本卷重点段落复习一遍，再想想自己醒来以后，有没有依照卷中原则行事。给自己打分，1 分代表“差”，2 分代表“好”，3 分代表“很好”，

4分代表“极佳”。对自己要诚实。把分数填在格内。这两格内的分数相加得到的数字，就是这一天的总分。最高分可能达到7分。这些分数将记载你付出的努力与进步的程度。

如此继续剩下的四个工作日。然后把一周的总分加起来填好。这样坚持五个星期，然后就可以往下进行新的一张羊皮卷了。

简单吧？

我告诉你一个秘密。正因为简单，所以很多人半途而废，他们总以为复杂或者昂贵的东西才有价值。这些人肯定也做不了很多个俯卧撑——如果那是我们计划的目标的话。所以如果有人要退出这个计划，随他们去好了。他们的一生也将在平庸中度过。

头几个星期过后，你会发现自己待人接物的态度渐渐起了变化。你开始听到别人对你说：“你最近好像有点不同。”“你和以前不一样了。”

这些信号表明，羊皮卷和成功记录表已经开始起作用了。你在下意识中已经培养出新的个性，它们将构建你未来的生活。你已经踏上新的征途。

现在就是第一个星期。

在你开始生命中这至关重要的一天之前，我有一句话与你共勉：**“只要决心成功，失败永远不会把你击垮。”**

现在请回头细读羊皮卷之二。

成功记录表

第一周　　本周总分________

星期一　日期________ 1. 我阅读了羊皮卷之二 2. 本卷重点段落 我用全身心的爱迎接今天。我赞美敌人。我在心里默默地为每一个人祝福。我爱自己，我用清洁与节制来珍惜我的身体，我用智慧和知识充实我的头脑。	今天阅读次数____ 日常行为与之相比应得的分数____ 总分__________
星期二　日期________ 1. 我阅读了羊皮卷之二 2. 我复习了上面的重点段落	今天阅读次数____ 实际得分________ 总分__________
星期三　日期________ 1. 我阅读了羊皮卷之二 2. 我复习了上面的重点段落	今天阅读次数____ 实际得分________ 总分__________
星期四　日期________ 1. 我阅读了羊皮卷之二 2. 我复习了上面的重点段落	今天阅读次数____ 实际得分________ 总分__________
星期五　日期________ 1. 我阅读了羊皮卷之二 2. 我复习了上面的重点段落	今天阅读次数____ 实际得分________ 总分__________

本周工作记录

星期一____

____

____

星期二____

____

____

星期三____

____

____

星期四____

____

____

星期五____

____

____

本周成就____

____

____

成功记录表

第二周　　本周总分________

星期一　日期________ 1. 我阅读了羊皮卷之二 2. 本卷重点段落 我用全身心的爱迎接今天。我赞美敌人。我在心里默默地为每一个人祝福。我爱自己，我用清洁与节制来珍惜我的身体，我用智慧和知识充实我的头脑。	今天阅读次数____ 日常行为与之相比应得的分数____ 总分__________
星期二　日期________ 1. 我阅读了羊皮卷之二 2. 我复习了上面的重点段落	今天阅读次数____ 实际得分________ 总分__________
星期三　日期________ 1. 我阅读了羊皮卷之二 2. 我复习了上面的重点段落	今天阅读次数____ 实际得分________ 总分__________
星期四　日期________ 1. 我阅读了羊皮卷之二 2. 我复习了上面的重点段落	今天阅读次数____ 实际得分________ 总分__________
星期五　日期________ 1. 我阅读了羊皮卷之二 2. 我复习了上面的重点段落	今天阅读次数____ 实际得分________ 总分__________

本周工作记录

星期一______________________________

____

____

星期二______________________________

____

____

星期三______________________________

____

____

星期四______________________________

____

____

星期五______________________________

____

____

本周成就______________________________

____

____

成功记录表

第三周 本周总分________

星期一 日期________ 1. 我阅读了羊皮卷之二 2. 本卷重点段落 我用全身心的爱迎接今天。我赞美敌人。我在心里默默地为每一个人祝福。我爱自己，我用清洁与节制来珍惜我的身体，我用智慧和知识充实我的头脑。	今天阅读次数____ 日常行为与之相比应得的分数____ 总分____________
星期二 日期________ 1. 我阅读了羊皮卷之二 2. 我复习了上面的重点段落	今天阅读次数____ 实际得分________ 总分____________
星期三 日期________ 1. 我阅读了羊皮卷之二 2. 我复习了上面的重点段落	今天阅读次数____ 实际得分________ 总分____________
星期四 日期________ 1. 我阅读了羊皮卷之二 2. 我复习了上面的重点段落	今天阅读次数____ 实际得分________ 总分____________
星期五 日期________ 1. 我阅读了羊皮卷之二 2. 我复习了上面的重点段落	今天阅读次数____ 实际得分________ 总分____________

本周工作记录

星期一____________________

星期二____________________

星期三____________________

星期四____________________

星期五____________________

本周成就____________________

成功记录表

第四周　　本周总分________

星期一　日期________ 1. 我阅读了羊皮卷之二 2. 本卷重点段落 我用全身心的爱迎接今天。我赞美敌人。我在心里默默地为每一个人祝福。我爱自己，我用清洁与节制来珍惜我的身体，我用智慧和知识充实我的头脑。	今天阅读次数____ 日常行为与之相比应得的分数____ 总分__________
星期二　日期________ 1. 我阅读了羊皮卷之二 2. 我复习了上面的重点段落	今天阅读次数____ 实际得分________ 总分__________
星期三　日期________ 1. 我阅读了羊皮卷之二 2. 我复习了上面的重点段落	今天阅读次数____ 实际得分________ 总分__________
星期四　日期________ 1. 我阅读了羊皮卷之二 2. 我复习了上面的重点段落	今天阅读次数____ 实际得分________ 总分__________
星期五　日期________ 1. 我阅读了羊皮卷之二 2. 我复习了上面的重点段落	今天阅读次数____ 实际得分________ 总分__________

本周工作记录

星期一________________________________

____

____

星期二________________________________

____

____

星期三________________________________

____

____

星期四________________________________

____

____

星期五________________________________

____

____

本周成就______________________________

____

____

成功记录表

第五周 本周总分________

星期一　日期________ 1. 我阅读了羊皮卷之二 2. 本卷重点段落 我用全身心的爱迎接今天。我赞美敌人。我在心里默默地为每一个人祝福。我爱自己，我用清洁与节制来珍惜我的身体，我用智慧和知识充实我的头脑。	今天阅读次数____ 日常行为与之相比应得的分数____ 总分__________
星期二　日期________ 1. 我阅读了羊皮卷之二 2. 我复习了上面的重点段落	今天阅读次数____ 实际得分________ 总分__________
星期三　日期________ 1. 我阅读了羊皮卷之二 2. 我复习了上面的重点段落	今天阅读次数____ 实际得分________ 总分__________
星期四　日期________ 1. 我阅读了羊皮卷之二 2. 我复习了上面的重点段落	今天阅读次数____ 实际得分________ 总分__________
星期五　日期________ 1. 我阅读了羊皮卷之二 2. 我复习了上面的重点段落	今天阅读次数____ 实际得分________ 总分__________

本周工作记录

星期一____

星期二____

星期三____

星期四____

星期五____

本周成就____

第二十三章

还没有打退堂鼓吧?

看看你周围的朋友，不少人已经退出了这项计划。这些人会找出至少一个借口。决非巧合的是，这些人过去的行为显示了他们惯于“退出”。他们以前也尝试过什么，结果总是半途而废。这些人就是我前面提到过的只有假欲望的人，光说不练。

当然，当你不再去为他们惋惜时，你突然意识到，他们的退出正好减少了你的竞争对手。威廉·丹佛在他著名的《向你挑战》一书中写道：95% 的人缺乏开发潜力的决心。这一大批人迅速聚集在平庸之原上，哀叹自己的不幸，余生无望。而另外 5% 有勇气的人已闯入开风气之先的行列。

该书作者对这一小部分人说：

处处设防的日子过去了。从现在开始，你不需要为保住工作而发愁。把忧愁留给别人吧。从现在开始，那些伏在暗中的坏事物要处于防卫状态，因为你已经聚集起来所有优势向它们展开进攻。你的眼睛看到的是自己的能力，而非弱点。从今往后，你清晨醒来想的是做事的方法，而不是担心行不通的理由！

今后的五个星期，你每天早晨醒来，阅读并掌握下面的原则：

羊皮卷之三（略）

成功记录表

第六周　　　　本周总分________

星期一　　日期________ 1. 我阅读了羊皮卷之三 2. 本卷重点段落 我不想听失意者的哭泣、抱怨者的牢骚，这是羊群中的瘟疫，我不能被它传染。我要尽量避免绝望，辛勤耕耘，忍受苦楚。我一试再试，争取每天的成功，避免以失败收场。在别人停滞不前时，我继续拼搏。	今天阅读次数____ 日常行为与之相比应得的分数____ 总分__________
星期二　　日期________ 1. 我阅读了羊皮卷之三 2. 我复习了上面的重点段落	今天阅读次数____ 实际得分________ 总分__________
星期三　　日期________ 1. 我阅读了羊皮卷之三 2. 我复习了上面的重点段落	今天阅读次数____ 实际得分________ 总分__________
星期四　　日期________ 1. 我阅读了羊皮卷之三 2. 我复习了上面的重点段落	今天阅读次数____ 实际得分________ 总分__________
星期五　　日期________ 1. 我阅读了羊皮卷之三 2. 我复习了上面的重点段落	今天阅读次数____ 实际得分________ 总分__________

本周工作记录

星期一____

____

____

星期二____

____

____

星期三____

____

____

星期四____

____

____

星期五____

____

____

本周成就______________________________________

____

____

成功记录表

第七周　　本周总分________

星期一　日期________ 1. 我阅读了羊皮卷之三 2. 本卷重点段落 我不想听失意者的哭泣、抱怨者的牢骚，这是羊群中的瘟疫，我不能被它传染。我要尽量避免绝望，辛勤耕耘，忍受苦楚。我一试再试，争取每天的成功，避免以失败收场。在别人停滞不前时，我继续拼搏。	今天阅读次数____ 日常行为与之相比应得的分数____ 总分________
星期二　日期________ 1. 我阅读了羊皮卷之三 2. 我复习了上面的重点段落	今天阅读次数____ 实际得分________ 总分________
星期三　日期________ 1. 我阅读了羊皮卷之三 2. 我复习了上面的重点段落	今天阅读次数____ 实际得分________ 总分________
星期四　日期________ 1. 我阅读了羊皮卷之三 2. 我复习了上面的重点段落	今天阅读次数____ 实际得分________ 总分________
星期五　日期________ 1. 我阅读了羊皮卷之三 2. 我复习了上面的重点段落	今天阅读次数____ 实际得分________ 总分________

本周工作记录

星期一____

____

____

星期二____

____

____

星期三____

____

____

星期四____

____

____

星期五____

____

____

本周成就______________________________________

____

____

成功记录表

第八周　　本周总分________

星期一　日期________ 1. 我阅读了羊皮卷之三 2. 本卷重点段落 我不想听失意者的哭泣、抱怨者的牢骚，这是羊群中的瘟疫，我不能被它传染。我要尽量避免绝望，辛勤耕耘，忍受苦楚。我一试再试，争取每天的成功，避免以失败收场。在别人停滞不前时，我继续拼搏。	今天阅读次数____ 日常行为与之相比应得的分数____ 总分____________
星期二　日期________ 1. 我阅读了羊皮卷之三 2. 我复习了上面的重点段落	今天阅读次数____ 实际得分________ 总分____________
星期三　日期________ 1. 我阅读了羊皮卷之三 2. 我复习了上面的重点段落	今天阅读次数____ 实际得分________ 总分____________
星期四　日期________ 1. 我阅读了羊皮卷之三 2. 我复习了上面的重点段落	今天阅读次数____ 实际得分________ 总分____________
星期五　日期________ 1. 我阅读了羊皮卷之三 2. 我复习了上面的重点段落	今天阅读次数____ 实际得分________ 总分____________

本周工作记录

星期一____

____

____

星期二____

____

____

星期三____

____

____

星期四____

____

____

星期五____

____

____

本周成就______________________________________

____

____

成功记录表

第九周　　本周总分________

星期一　日期________ 1. 我阅读了羊皮卷之三 2. 本卷重点段落 我不想听失意者的哭泣、抱怨者的牢骚，这是羊群中的瘟疫，我不能被它传染。我要尽量避免绝望，辛勤耕耘，忍受苦楚。我一试再试，争取每天的成功，避免以失败收场。在别人停滞不前时，我继续拼搏。	今天阅读次数____ 日常行为与之相比应得的分数____ 总分________
星期二　日期________ 1. 我阅读了羊皮卷之三 2. 我复习了上面的重点段落	今天阅读次数____ 实际得分________ 总分________
星期三　日期________ 1. 我阅读了羊皮卷之三 2. 我复习了上面的重点段落	今天阅读次数____ 实际得分________ 总分________
星期四　日期________ 1. 我阅读了羊皮卷之三 2. 我复习了上面的重点段落	今天阅读次数____ 实际得分________ 总分________
星期五　日期________ 1. 我阅读了羊皮卷之三 2. 我复习了上面的重点段落	今天阅读次数____ 实际得分________ 总分________

本周工作记录

星期一______________________________

星期二______________________________

星期三______________________________

星期四______________________________

星期五______________________________

本周成就______________________________

成功记录表

第十周　　　　本周总分________

星期一　日期________ 1. 我阅读了羊皮卷之三 2. 本卷重点段落 我不想听失意者的哭泣、抱怨者的牢骚，这是羊群中的瘟疫，我不能被它传染。我要尽量避免绝望，辛勤耕耘，忍受苦楚。我一试再试，争取每天的成功，避免以失败收场。在别人停滞不前时，我继续拼搏。	今天阅读次数____ 日常行为与之相比应得的分数____ 总分____________
星期二　日期________ 1. 我阅读了羊皮卷之三 2. 我复习了上面的重点段落	今天阅读次数____ 实际得分________ 总分____________
星期三　日期________ 1. 我阅读了羊皮卷之三 2. 我复习了上面的重点段落	今天阅读次数____ 实际得分________ 总分____________
星期四　日期________ 1. 我阅读了羊皮卷之三 2. 我复习了上面的重点段落	今天阅读次数____ 实际得分________ 总分____________
星期五　日期________ 1. 我阅读了羊皮卷之三 2. 我复习了上面的重点段落	今天阅读次数____ 实际得分________ 总分____________

本周工作记录

星期一____

____

____

星期二____

____

____

星期三____

____

____

星期四____

____

____

星期五____

____

____

本周成就____

____

____

第二十四章

简单吧？到目前为止，你已经养成了每天阅读三次的习惯，没有什么难的吧？就像如果你十周前开始练习，现在也可以轻而易举地完成一百个俯卧撑了。十个星期。有了多少变化！

每天完成成功记录表，这也是简单易行的事，对吗？简单得你甚至不能借口太忙或太累而无暇顾及它。

每天三次，每卷五周，这样的阅读确实简单易行。但你知道吗，你已经由此把第二、三张羊皮卷输入到你的意识中，铭记在你的头脑中。毫无疑问，你已经更善于待人接物了，已经改掉了一些坏习惯，你更有勇气，可以深入尝试。要是在过去，稍有挫折，你就夹着尾巴逃回家去了。

现在你的个性比以前更加开朗，更有热情，交朋友也容易多了。你甚至比以前工作起来更加得心应手，因为你更加友善，讨人喜欢。你会慢慢发现，这些羊皮卷上面所写的美德不是彼此孤立的，它们之间有千丝万缕的联系。当你获得其中一个美德，其他的也随之进步；当你戒除一个坏习惯，下一个也容易对付多了。

我说过你是造物主最伟大的奇迹。你将从下面的阅读中得到证实。

羊皮卷之四（略）

成功记录表

第十一周　　　　本周总分________

星期一　日期________ 1. 我阅读了羊皮卷之四 2. 本卷重点段落 我不再为昨日的成绩自吹自擂。将要做的比已经完成的定会更好。我要不断改进自己的仪态和风度。我要展示自己独一无二的个性。	今天阅读次数____ 日常行为与之相比应得的分数____ 总分____________
星期二　日期________ 1. 我阅读了羊皮卷之四 2. 我复习了上面的重点段落	今天阅读次数____ 实际得分________ 总分____________
星期三　日期________ 1. 我阅读了羊皮卷之四 2. 我复习了上面的重点段落	今天阅读次数____ 实际得分________ 总分____________
星期四　日期________ 1. 我阅读了羊皮卷之四 2. 我复习了上面的重点段落	今天阅读次数____ 实际得分________ 总分____________
星期五　日期________ 1. 我阅读了羊皮卷之四 2. 我复习了上面的重点段落	今天阅读次数____ 实际得分________ 总分____________

本周工作记录

星期一____

____

____

星期二____

____

____

星期三____

____

____

星期四____

____

____

星期五____

____

____

本周成就______________________________________

____

____

成功记录表

第十二周　　　　本周总分________

星期一　　日期________ 1. 我阅读了羊皮卷之四 2. 本卷重点段落 我不再为昨日的成绩自吹自擂。将要做的比已经完成的定会更好。我要不断改进自己的仪态和风度。我要展示自己独一无二的个性。	今天阅读次数____ 日常行为与之相比应得的分数____ 总分________
星期二　　日期________ 1. 我阅读了羊皮卷之四 2. 我复习了上面的重点段落	今天阅读次数____ 实际得分________ 总分________
星期三　　日期________ 1. 我阅读了羊皮卷之四 2. 我复习了上面的重点段落	今天阅读次数____ 实际得分________ 总分________
星期四　　日期________ 1. 我阅读了羊皮卷之四 2. 我复习了上面的重点段落	今天阅读次数____ 实际得分________ 总分________
星期五　　日期________ 1. 我阅读了羊皮卷之四 2. 我复习了上面的重点段落	今天阅读次数____ 实际得分________ 总分________

本周工作记录

星期一____

____

____

星期二____

____

____

星期三____

____

____

星期四____

____

____

星期五____

____

____

本周成就____

____

____

成功记录表

第十三周　　　　本周总分________

星期一　日期________ 1. 我阅读了羊皮卷之四 2. 本卷重点段落 我不再为昨日的成绩自吹自擂。将要做的比已经完成的定会更好。我要不断改进自已的仪态和风度。我要展示自已独一无二的个性。	今天阅读次数____ 日常行为与之相比应得的分数____ 总分____________
星期二　日期________ 1. 我阅读了羊皮卷之四 2. 我复习了上面的重点段落	今天阅读次数____ 实际得分________ 总分____________
星期三　日期________ 1. 我阅读了羊皮卷之四 2. 我复习了上面的重点段落	今天阅读次数____ 实际得分________ 总分____________
星期四　日期________ 1. 我阅读了羊皮卷之四 2. 我复习了上面的重点段落	今天阅读次数____ 实际得分________ 总分____________
星期五　日期________ 1. 我阅读了羊皮卷之四 2. 我复习了上面的重点段落	今天阅读次数____ 实际得分________ 总分____________

本周工作记录

星期一______________________________

____

____

星期二______________________________

____

____

星期三______________________________

____

____

星期四______________________________

____

____

星期五______________________________

____

____

本周成就______________________________

____

____

成功记录表

第十四周　　　　　　　　　　本周总分________

星期一　　日期________ 1. 我阅读了羊皮卷之四 2. 本卷重点段落 　　我不再为昨日的成绩自吹自擂。将要做的比已经完成的定会更好。我要不断改进自己的仪态和风度。我要展示自己独一无二的个性。	今天阅读次数____ 日常行为与之相比应得的分数____ 总分__________
星期二　　日期________ 1. 我阅读了羊皮卷之四 2. 我复习了上面的重点段落	今天阅读次数____ 实际得分________ 总分__________
星期三　　日期________ 1. 我阅读了羊皮卷之四 2. 我复习了上面的重点段落	今天阅读次数____ 实际得分________ 总分__________
星期四　　日期________ 1. 我阅读了羊皮卷之四 2. 我复习了上面的重点段落	今天阅读次数____ 实际得分________ 总分__________
星期五　　日期________ 1. 我阅读了羊皮卷之四 2. 我复习了上面的重点段落	今天阅读次数____ 实际得分________ 总分__________

本周工作记录

星期一____

____

____

星期二____

____

____

星期三____

____

____

星期四____

____

____

星期五____

____

____

本周成就______________________________________

____

____

成功记录表

第十五周　　本周总分________

星期一　日期________ 1. 我阅读了羊皮卷之四 2. 本卷重点段落 　　我不再为昨日的成绩自吹自擂。将要做的比已经完成的定会更好。我要不断改进自己的仪态和风度。我要展示自己独一无二的个性。	今天阅读次数____ 日常行为与之相比应得的分数____ 总分__________
星期二　日期________ 1. 我阅读了羊皮卷之四 2. 我复习了上面的重点段落	今天阅读次数____ 实际得分________ 总分__________
星期三　日期________ 1. 我阅读了羊皮卷之四 2. 我复习了上面的重点段落	今天阅读次数____ 实际得分________ 总分__________
星期四　日期________ 1. 我阅读了羊皮卷之四 2. 我复习了上面的重点段落	今天阅读次数____ 实际得分________ 总分__________
星期五　日期________ 1. 我阅读了羊皮卷之四 2. 我复习了上面的重点段落	今天阅读次数____ 实际得分________ 总分__________

本周工作记录

星期一________________________________

____

____

星期二________________________________

____

____

星期三________________________________

____

____

星期四________________________________

____

____

星期五________________________________

____

____

本周成就______________________________

____

____

第二十五章

已经过去十五个星期了。

我的好朋友，你已经走了一大段路。

如果你已经做到每天看三遍羊皮卷，每晚花一点时间自省，那么无疑你已经改变了自己。你和以前大不相同了。更有意思的是，你周围的人看上去也都变了。

也许下面这个古老的传说能让你明白这一切都是怎么回事。

从前有一个老贵格会教徒，站在村口，和长途跋涉到那里的游客打招呼。当人家问他:“这里的人怎么样？”他会反问道:“你上一次经过的地方，那里的人怎么样？”

如果对方说他刚刚离开的那个村子，人人快乐开朗，亲切可爱，那么这个老教徒满有把握地告诉他，这里的情形完全一样。但是如果游客说他刚刚离开的那个村子，人人丑陋，爱吵架，脾气不好，那么老教徒会遗憾地摇着头说："哎，恐怕这里也一样。"

接下去的五个星期非常有趣。我保证在第五卷的世界里，你将备受关注，注意你的人中有陌生人、朋友，还有对手。

亨利·凡·迪克曾经写到，有人惧怕死亡，而从来没有开始生活。在接下去的五个星期中，你要假设自己即将死亡，每一天都是你的最后一天，并以这种心态生活。

那些信心不足、没有勇气的人，如果知道这真的是最后一天，就会躲在角落里瑟瑟发抖。不过既然你已经坚持执行计划到今天，我敢肯定你有足够的信心与勇气面对生活。

这五个星期，你可以记录下来别人对你的反应，特别是上司的反应。这一卷在改进你个性的同时，也使你在面对上司时有所改变，发生有趣的进步……譬如升职、加薪，等等。

让我们开始这重要的一卷吧！

羊皮卷之五（略）

成功记录表

第十六周　　本周总分________

星期一　日期________ 1. 我阅读了羊皮卷之五 2. 本卷重点段落 我要把今天当作生命中的最后一天，忘记昨天，也不痴想明天，今日事今日毕。我要以真诚埋葬怀疑，用信心驱赶恐惧。我要让今天成为不朽的纪念日，化作现实的永恒。	今天阅读次数____ 日常行为与之相比应得的分数____ 总分__________
星期二　日期________ 1. 我阅读了羊皮卷之五 2. 我复习了上面的重点段落	今天阅读次数____ 实际得分________ 总分__________
星期三　日期________ 1. 我阅读了羊皮卷之五 2. 我复习了上面的重点段落	今天阅读次数____ 实际得分________ 总分__________
星期四　日期________ 1. 我阅读了羊皮卷之五 2. 我复习了上面的重点段落	今天阅读次数____ 实际得分________ 总分__________
星期五　日期________ 1. 我阅读了羊皮卷之五 2. 我复习了上面的重点段落	今天阅读次数____ 实际得分________ 总分__________

本周工作记录

星期一______________________________

星期二______________________________

星期三______________________________

星期四______________________________

星期五______________________________

本周成就______________________________

成功记录表

第十七周　　　　本周总分________

星期一　日期________ 1. 我阅读了羊皮卷之五 2. 本卷重点段落 我要把今天当作生命中的最后一天，忘记昨天，也不痴想明天，今日事今日毕。我要以真诚埋葬怀疑，用信心驱赶恐惧。我要让今天成为不朽的纪念日，化作现实的永恒。	今天阅读次数____ 日常行为与之相比应得的分数____ 总分____________
星期二　日期________ 1. 我阅读了羊皮卷之五 2. 我复习了上面的重点段落	今天阅读次数____ 实际得分________ 总分____________
星期三　日期________ 1. 我阅读了羊皮卷之五 2. 我复习了上面的重点段落	今天阅读次数____ 实际得分________ 总分____________
星期四　日期________ 1. 我阅读了羊皮卷之五 2. 我复习了上面的重点段落	今天阅读次数____ 实际得分________ 总分____________
星期五　日期________ 1. 我阅读了羊皮卷之五 2. 我复习了上面的重点段落	今天阅读次数____ 实际得分________ 总分____________

本周工作记录

星期一____

____

____

星期二____

____

____

星期三____

____

____

星期四____

____

____

星期五____

____

____

本周成就____

____

____

成功记录表

第十八周　　本周总分________

星期一　日期________ 1. 我阅读了羊皮卷之五 2. 本卷重点段落 我要把今天当作生命中的最后一天，忘记昨天，也不痴想明天，今日事今日毕。我要以真诚埋葬怀疑，用信心驱赶恐惧。我要让今天成为不朽的纪念日，化作现实的永恒。	今天阅读次数____ 日常行为与之相比应得的分数____ 总分__________
星期二　日期________ 1. 我阅读了羊皮卷之五 2. 我复习了上面的重点段落	今天阅读次数____ 实际得分________ 总分__________
星期三　日期________ 1. 我阅读了羊皮卷之五 2. 我复习了上面的重点段落	今天阅读次数____ 实际得分________ 总分__________
星期四　日期________ 1. 我阅读了羊皮卷之五 2. 我复习了上面的重点段落	今天阅读次数____ 实际得分________ 总分__________
星期五　日期________ 1. 我阅读了羊皮卷之五 2. 我复习了上面的重点段落	今天阅读次数____ 实际得分________ 总分__________

本周工作记录

星期一____

____

____

星期二____

____

____

星期三____

____

____

星期四____

____

____

星期五____

____

____

本周成就____

____

____

成功记录表

第十九周　　本周总分________

星期一　日期________ 1. 我阅读了羊皮卷之五 2. 本卷重点段落 我要把今天当作生命中的最后一天，忘记昨天，也不痴想明天，今日事今日毕。我要以真诚埋葬怀疑，用信心驱赶恐惧。我要让今天成为不朽的纪念日，化作现实的永恒。	今天阅读次数____ 日常行为与之相比应得的分数____ 总分__________
星期二　日期________ 1. 我阅读了羊皮卷之五 2. 我复习了上面的重点段落	今天阅读次数____ 实际得分________ 总分__________
星期三　日期________ 1. 我阅读了羊皮卷之五 2. 我复习了上面的重点段落	今天阅读次数____ 实际得分________ 总分__________
星期四　日期________ 1. 我阅读了羊皮卷之五 2. 我复习了上面的重点段落	今天阅读次数____ 实际得分________ 总分__________
星期五　日期________ 1. 我阅读了羊皮卷之五 2. 我复习了上面的重点段落	今天阅读次数____ 实际得分________ 总分__________

本周工作记录

星期一____

____

____

星期二____

____

____

星期三____

____

____

星期四____

____

____

星期五____

____

____

本周成就____

____

____

成功记录表

第二十周　　　　本周总分________

星期一　日期________ 1. 我阅读了羊皮卷之五 2. 本卷重点段落 我要把今天当作生命中的最后一天，忘记昨天，也不痴想明天，今日事今日毕。我要以真诚埋葬怀疑，用信心驱赶恐惧。我要让今天成为不朽的纪念日，化作现实的永恒。	今天阅读次数____ 日常行为与之相比应得的分数____ 总分____________
星期二　日期________ 1. 我阅读了羊皮卷之五 2. 我复习了上面的重点段落	今天阅读次数____ 实际得分________ 总分____________
星期三　日期________ 1. 我阅读了羊皮卷之五 2. 我复习了上面的重点段落	今天阅读次数____ 实际得分________ 总分____________
星期四　日期________ 1. 我阅读了羊皮卷之五 2. 我复习了上面的重点段落	今天阅读次数____ 实际得分________ 总分____________
星期五　日期________ 1. 我阅读了羊皮卷之五 2. 我复习了上面的重点段落	今天阅读次数____ 实际得分________ 总分____________

本周工作记录

星期一______________________________________

____

____

星期二______________________________________

____

____

星期三______________________________________

____

____

星期四______________________________________

____

____

星期五______________________________________

____

____

本周成就____________________________________

____

____

第二十六章

你的情绪会不会起伏不定?

当然会了。有些时候你恨不得钻进地洞藏起来，远离这个世界。你一身晦气，做什么都成功不了，一件生意都谈不成。无聊透了，对不对?

还有一些时候，你一帆风顺。从起床开始，你好像戴上了玫瑰色眼镜，充满乐观，周围的一切都是那么可爱，事事顺心如意。

为什么我们的情绪会时好时坏呢？为了回答这个问题，我与爱德华·R. 杜威教授合作共同撰写了《周期，神秘的动力》这本书。

人类的情绪周期是我们面对的一个重要周期。几年前，加州大学的雷克斯·赫西教授进行了一项科学研究，结果表明人类情绪周期平均有五周。也就是说，一个人的心情由高兴降到沮丧，再回到高兴，往往需要五周的时间。

五个星期！也许你的情绪周期较长或较短，不过你一定希望了解自己的高潮期与低落期。下面介绍一种简便的方法，它可以使你了解自己的这个秘密。制表如下：

（　）月	
日	1 2 3 4 5 6 7 8 9 10（制表至30）
兴高采烈	+3
愉悦快乐	+2
感觉不错	+1
平平常常	0
感觉欠佳	−1
伤心难过	−2
焦虑沮丧	−3

每天晚上花点时间想想当天的情绪，在与之相符的一栏打上记号。过些日子，把这些记号连接起来。

不久你就会发现一个模式，这就是你的情绪韵律。这项测试通常很准。再过几个月，你就会惊奇而准确地知道，什么时候你的高潮将至，什么时候你得小心低潮的到来。知道了这一点后，你就可以预测自己的情绪变化，并相应地调整自己的行为。情绪高昂时，注意不要随意承诺，一定要三思而后行；情绪低迷时，不妨鼓励自己，这种情况很快就会过去。

第六张羊皮卷还提醒了你一项事实：你的顾客、上司或者家人也同样有着情绪周期。你兴高采烈时，别人可能正垂头丧气，不易打交道。千万别让自己泄气。几天以后，那个人可能变得开心起来，对你的想法大加赞赏。

好了，现在我们知道自己有情绪变化了。可是情绪低落时，我们总不能老待在家里，那样的话，一年中有一半的时光就在窗外溜走了。那么，当我们情绪低落时，应该怎么办呢？

多年来，人类认为思绪控制行为。但是，心理学家威廉·詹姆士却提出"行为可以控制思想和情绪"。也就是说，如果你的行为是快乐的，那么你的感觉也是愉悦的；如果做事时充满热情，那么你的感觉就是热忱的。你的行为健康，那么你的感觉也必定健康。你可以把这种现象称为意识控制或是其他什么名称，总之，这种方法非常有效。遗憾的是，这个秘密深藏在人们心底，无人知晓。现在，请阅读羊皮卷之六，迎接这伟大的一天吧！

羊皮卷之六（略）

成功记录表

第二十一周　　　　本周总分________

星期一　日期________ 1. 我阅读了羊皮卷之六 2. 本卷重点段落 我要学会控制情绪，用自己的心灵弥补气候的不足。我要体察别人的情绪波动，学会宽容。	今天阅读次数____ 日常行为与之相比应得的分数____ 总分____________
星期二　日期________ 1. 我阅读了羊皮卷之六 2. 我复习了上面的重点段落	今天阅读次数____ 实际得分________ 总分____________
星期三　日期________ 1. 我阅读了羊皮卷之六 2. 我复习了上面的重点段落	今天阅读次数____ 实际得分________ 总分____________
星期四　日期________ 1. 我阅读了羊皮卷之六 2. 我复习了上面的重点段落	今天阅读次数____ 实际得分________ 总分____________
星期五　日期________ 1. 我阅读了羊皮卷之六 2. 我复习了上面的重点段落	今天阅读次数____ 实际得分________ 总分____________

本周工作记录

星期一____

星期二____

星期三____

星期四____

星期五____

本周成就_______________________________________

成功记录表

第二十二周　　　　本周总分________

星期一　日期________ 1. 我阅读了羊皮卷之六 2. 本卷重点段落 我要学会控制情绪，用自己的心灵弥补气候的不足。我要体察别人的情绪波动，学会宽容。	今天阅读次数____ 日常行为与之相比应得的分数____ 总分__________
星期二　日期________ 1. 我阅读了羊皮卷之六 2. 我复习了上面的重点段落	今天阅读次数____ 实际得分________ 总分__________
星期三　日期________ 1. 我阅读了羊皮卷之六 2. 我复习了上面的重点段落	今天阅读次数____ 实际得分________ 总分__________
星期四　日期________ 1. 我阅读了羊皮卷之六 2. 我复习了上面的重点段落	今天阅读次数____ 实际得分________ 总分__________
星期五　日期________ 1. 我阅读了羊皮卷之六 2. 我复习了上面的重点段落	今天阅读次数____ 实际得分________ 总分__________

本周工作记录

星期一______________________________

____

____

星期二______________________________

____

____

星期三______________________________

____

____

星期四______________________________

____

____

星期五______________________________

____

____

本周成就______________________________

____

____

成功记录表

第二十三周 本周总分________

星期一 日期________ 1. 我阅读了羊皮卷之六 2. 本卷重点段落 我要学会控制情绪，用自己的心灵弥补气候的不足。我要体察别人的情绪波动，学会宽容。	今天阅读次数____ 日常行为与之相比应得的分数____ 总分____________
星期二 日期________ 1. 我阅读了羊皮卷之六 2. 我复习了上面的重点段落	今天阅读次数____ 实际得分________ 总分____________
星期三 日期________ 1. 我阅读了羊皮卷之六 2. 我复习了上面的重点段落	今天阅读次数____ 实际得分________ 总分____________
星期四 日期________ 1. 我阅读了羊皮卷之六 2. 我复习了上面的重点段落	今天阅读次数____ 实际得分________ 总分____________
星期五 日期________ 1. 我阅读了羊皮卷之六 2. 我复习了上面的重点段落	今天阅读次数____ 实际得分________ 总分____________

本周工作记录

星期一____

星期二____

星期三____

星期四____

星期五____

本周成就_______________________________________

成功记录表

第二十四周　　本周总分________

星期一　日期________ 1. 我阅读了羊皮卷之六 2. 本卷重点段落 我要学会控制情绪，用自己的心灵弥补气候的不足。我要体察别人的情绪波动，学会宽容。	今天阅读次数____ 日常行为与之相比应得的分数____ 总分____________
星期二　日期________ 1. 我阅读了羊皮卷之六 2. 我复习了上面的重点段落	今天阅读次数____ 实际得分________ 总分____________
星期三　日期________ 1. 我阅读了羊皮卷之六 2. 我复习了上面的重点段落	今天阅读次数____ 实际得分________ 总分____________
星期四　日期________ 1. 我阅读了羊皮卷之六 2. 我复习了上面的重点段落	今天阅读次数____ 实际得分________ 总分____________
星期五　日期________ 1. 我阅读了羊皮卷之六 2. 我复习了上面的重点段落	今天阅读次数____ 实际得分________ 总分____________

本周工作记录

星期一______________________________

____

____

星期二______________________________

____

____

星期三______________________________

____

____

星期四______________________________

____

____

星期五______________________________

____

____

本周成就____________________________

____

____

成功记录表

第二十五周　　本周总分________

星期一　日期________ 1. 我阅读了羊皮卷之六 2. 本卷重点段落 我要学会控制情绪，用自己的心灵弥补气候的不足。我要体察别人的情绪波动，学会宽容。	今天阅读次数____ 日常行为与之相比应得的分数____ 总分____________
星期二　日期________ 1. 我阅读了羊皮卷之六 2. 我复习了上面的重点段落	今天阅读次数____ 实际得分________ 总分____________
星期三　日期________ 1. 我阅读了羊皮卷之六 2. 我复习了上面的重点段落	今天阅读次数____ 实际得分________ 总分____________
星期四　日期________ 1. 我阅读了羊皮卷之六 2. 我复习了上面的重点段落	今天阅读次数____ 实际得分________ 总分____________
星期五　日期________ 1. 我阅读了羊皮卷之六 2. 我复习了上面的重点段落	今天阅读次数____ 实际得分________ 总分____________

本周工作记录

星期一________________________________

星期二________________________________

星期三________________________________

星期四________________________________

星期五________________________________

本周成就________________________________

第二十七章

站在繁忙的街头，注意来往行人的表情。

有多少人在笑？有多少人看上去快乐满意？我们的国家几乎成了机器人的王国，大家像盲蚁一样，匆匆忙忙，跑来跑去，担心这个，烦恼那个。真想对笑来一次统计，看看每人每天笑过多少次。

我们不是很蠢吗？摇摇晃晃地把整个世界扛在肩上，还要皱着眉头，增加不必要的皱纹。忧郁的情绪可能置人于死地。詹姆士·沃尔什博士曾经指出：爱笑的人平均寿命比不爱笑的人要长。很少人知道健康与笑容有关。

我们不但忘了怎样笑，而且忘了笑的重要性。古人深知其理，甚至在吃饭时，还要让小丑表演逗笑，以助消化。

显然，不爱笑者大有人在。自从本书问世以来，我收到许多信函探讨有关笑的问题。

萨米·戴维斯谈及成功时说的话，令人终生难忘。他说："我不知何谓成功，但我知道失败是什么。失败就是想要讨每个人的欢心。"

如果你打算博得所有人的喜爱，而你已经忘了如何嘲笑别人和自己，那么现在是改变一下自己的时候了，别把别人和自己看得过重。你虽然是造物主最伟大的奇迹，但也千万别把自己弄得面无笑容。好了，现在开始阅读。

羊皮卷之七（略）

成功记录表

第二十六周　　　　本周总分________

星期一　日期________ 1. 我阅读了羊皮卷之七 2. 本卷重点段落 我笑遍世界。我用笑声点缀今天，让歌声照亮黑夜，以笑容感染别人。我要使生活保持平衡，记住无论失败绝望，还是成功欢乐，这一切都会过去。	今天阅读次数____ 日常行为与之相比应得的分数____ 总分____________
星期二　日期________ 1. 我阅读了羊皮卷之七 2. 我复习了上面的重点段落	今天阅读次数____ 实际得分________ 总分____________
星期三　日期________ 1. 我阅读了羊皮卷之七 2. 我复习了上面的重点段落	今天阅读次数____ 实际得分________ 总分____________
星期四　日期________ 1. 我阅读了羊皮卷之七 2. 我复习了上面的重点段落	今天阅读次数____ 实际得分________ 总分____________
星期五　日期________ 1. 我阅读了羊皮卷之七 2. 我复习了上面的重点段落	今天阅读次数____ 实际得分________ 总分____________

本周工作记录

星期一____

____

____

星期二____

____

____

星期三____

____

____

星期四____

____

____

星期五____

____

____

本周成就______________________________________

____

____

成功记录表

第二十七周　　　　本周总分________

星期一　日期________ 1. 我阅读了羊皮卷之七 2. 本卷重点段落 我笑遍世界。我用笑声点缀今天，让歌声照亮黑夜，以笑容感染别人。我要使生活保持平衡，记住无论失败绝望，还是成功欢乐，这一切都会过去。	今天阅读次数____ 日常行为与之相比应得的分数____ 总分____________
星期二　日期________ 1. 我阅读了羊皮卷之七 2. 我复习了上面的重点段落	今天阅读次数____ 实际得分________ 总分____________
星期三　日期________ 1. 我阅读了羊皮卷之七 2. 我复习了上面的重点段落	今天阅读次数____ 实际得分________ 总分____________
星期四　日期________ 1. 我阅读了羊皮卷之七 2. 我复习了上面的重点段落	今天阅读次数____ 实际得分________ 总分____________
星期五　日期________ 1. 我阅读了羊皮卷之七 2. 我复习了上面的重点段落	今天阅读次数____ 实际得分________ 总分____________

本周工作记录

星期一______________________________________

____

____

星期二______________________________________

____

____

星期三______________________________________

____

____

星期四______________________________________

____

____

星期五______________________________________

____

____

本周成就______________________________________

____

____

成功记录表

第二十八周　　本周总分________

星期一　日期________ 1. 我阅读了羊皮卷之七 2. 本卷重点段落 我笑遍世界。我用笑声点缀今天，让歌声照亮黑夜，以笑容感染别人。我要使生活保持平衡，记住无论失败绝望，还是成功欢乐，这一切都会过去。	今天阅读次数____ 日常行为与之相比应得的分数____ 总分________
星期二　日期________ 1. 我阅读了羊皮卷之七 2. 我复习了上面的重点段落	今天阅读次数____ 实际得分________ 总分________
星期三　日期________ 1. 我阅读了羊皮卷之七 2. 我复习了上面的重点段落	今天阅读次数____ 实际得分________ 总分________
星期四　日期________ 1. 我阅读了羊皮卷之七 2. 我复习了上面的重点段落	今天阅读次数____ 实际得分________ 总分________
星期五　日期________ 1. 我阅读了羊皮卷之七 2. 我复习了上面的重点段落	今天阅读次数____ 实际得分________ 总分________

本周工作记录

星期一＿＿＿＿＿＿＿＿＿＿＿＿＿＿＿＿＿＿＿＿＿＿＿＿＿

星期二＿＿＿＿＿＿＿＿＿＿＿＿＿＿＿＿＿＿＿＿＿＿＿＿＿

星期三＿＿＿＿＿＿＿＿＿＿＿＿＿＿＿＿＿＿＿＿＿＿＿＿＿

星期四＿＿＿＿＿＿＿＿＿＿＿＿＿＿＿＿＿＿＿＿＿＿＿＿＿

星期五＿＿＿＿＿＿＿＿＿＿＿＿＿＿＿＿＿＿＿＿＿＿＿＿＿

本周成就＿＿＿＿＿＿＿＿＿＿＿＿＿＿＿＿＿＿＿＿＿＿＿＿

成功记录表

第二十九周　　本周总分________

星期一　日期________ 1. 我阅读了羊皮卷之七 2. 本卷重点段落 我笑遍世界。我用笑声点缀今天，让歌声照亮黑夜，以笑容感染别人。我要使生活保持平衡，记住无论失败绝望，还是成功欢乐，这一切都会过去。	今天阅读次数____ 日常行为与之相比应得的分数____ 总分____________
星期二　日期________ 1. 我阅读了羊皮卷之七 2. 我复习了上面的重点段落	今天阅读次数____ 实际得分________ 总分____________
星期三　日期________ 1. 我阅读了羊皮卷之七 2. 我复习了上面的重点段落	今天阅读次数____ 实际得分________ 总分____________
星期四　日期________ 1. 我阅读了羊皮卷之七 2. 我复习了上面的重点段落	今天阅读次数____ 实际得分________ 总分____________
星期五　日期________ 1. 我阅读了羊皮卷之七 2. 我复习了上面的重点段落	今天阅读次数____ 实际得分________ 总分____________

本周工作记录

星期一____

____

____

星期二____

____

____

星期三____

____

____

星期四____

____

____

星期五____

____

____

本周成就____

____

____

成功记录表

第三十周 本周总分________

星期一 日期________ 1. 我阅读了羊皮卷之七 2. 本卷重点段落 我笑遍世界。我用笑声点缀今天，让歌声照亮黑夜，以笑容感染别人。我要使生活保持平衡，记住无论失败绝望，还是成功欢乐，这一切都会过去。	今天阅读次数____ 日常行为与之相比应得的分数____ 总分____________
星期二 日期________ 1. 我阅读了羊皮卷之七 2. 我复习了上面的重点段落	今天阅读次数____ 实际得分________ 总分____________
星期三 日期________ 1. 我阅读了羊皮卷之七 2. 我复习了上面的重点段落	今天阅读次数____ 实际得分________ 总分____________
星期四 日期________ 1. 我阅读了羊皮卷之七 2. 我复习了上面的重点段落	今天阅读次数____ 实际得分________ 总分____________
星期五 日期________ 1. 我阅读了羊皮卷之七 2. 我复习了上面的重点段落	今天阅读次数____ 实际得分________ 总分____________

本周工作记录

星期一______________________________

____

____

星期二______________________________

____

____

星期三______________________________

____

____

星期四______________________________

____

____

星期五______________________________

____

____

本周成就______________________________

____

____

第二十八章

你坚持得不错，你看起来真了不起！

我为你感到骄傲。

我打算告诉你一个伟大的秘密。你的上司知道这个秘密，那些事业达到巅峰的人也都知道这个秘密。其实，这也算不上什么秘密，成功的人常常说到它，只是没有人注意听罢了！

包括你。

或许现在你会注意听。

世界上最伟大的秘密就是：**你只要比一般人稍微努力一点，你就会成功。**

再念一遍，把它背下来，永远不要忘记。

我们生活在一个平庸的世界上，芸芸众生大多在平庸中得过且过。我不说，想必你也知道。还记得你上次买的那辆新车吗？组装得真糟糕，干活的人只是为了混饭吃；你新买的那栋房子简直千疮百孔；你的夹克衫，口袋都没有剪开，还有你买的那本杂志，竟然缺了16页。

查理·H. 布劳尔，美国卓越的企业家，由此而感慨道："我们生活在一个平庸的世界里，大家都马马虎虎，工作只做一半，喜欢逃避责任。洗衣店不熨衣服，服务员不服务，木匠爱来不来，主管们满脑子高尔夫球，当老师的敷衍了事，做学生的专挑不动脑筋的课程来修。人们得意扬扬地享受悠闲的生活，精神懈怠。"

要想成功，你不必拼命往前钻，只要原地不动，把该做的事做好，就已经很出众了。为什么？因为别人都退却了！他们受不了压力，逃之夭夭。只有你是剩下的人。"剩人"者，"圣人"也！

正如布劳尔先生所言："我是一个很有信心的人。我们随处可见一些明智的人，他们不喜欢游手好闲，虚度光阴。我真想对他们说，当你发现自己漂浮在平庸的海洋中时，不要泄气，当这股愚蠢的潮流风靡一时时，不要消沉。只有少数执着热诚的人才能成为中流砥柱。"

我特意等到现在才把这个秘密说给你听。我也故意把它藏在书里，使那些随意浏览的人无法觉察。那些渐渐远离我们的人永远不会知道这个秘密。

你却与众不同。只要留心，你会从第八张羊皮卷中得到极大的财富，让你知道这一切是值得的。

羊皮卷之八（略）

成功记录表

第三十一周　　本周总分________

星期一　日期________ 1. 我阅读了羊皮卷之八 2. 本卷重点段落 我须深深地扎在泥土中，等待成熟。我要制定目标，不断超过自己。	今天阅读次数____ 日常行为与之相比应得的分数____ 总分____________
星期二　日期________ 1. 我阅读了羊皮卷之八 2. 我复习了上面的重点段落	今天阅读次数____ 实际得分________ 总分____________
星期三　日期________ 1. 我阅读了羊皮卷之八 2. 我复习了上面的重点段落	今天阅读次数____ 实际得分________ 总分____________
星期四　日期________ 1. 我阅读了羊皮卷之八 2. 我复习了上面的重点段落	今天阅读次数____ 实际得分________ 总分____________
星期五　日期________ 1. 我阅读了羊皮卷之八 2. 我复习了上面的重点段落	今天阅读次数____ 实际得分________ 总分____________

本周工作记录

星期一____

____

____

星期二____

____

____

星期三____

____

____

星期四____

____

____

星期五____

____

____

本周成就_______________________________________

____

____

成功记录表

第三十二周　　　　本周总分________

星期一　日期________ 1. 我阅读了羊皮卷之八 2. 本卷重点段落 我须深深地扎在泥土中，等待成熟。我要制定目标，不断超过自己。	今天阅读次数____ 日常行为与之相比应得的分数____ 总分________
星期二　日期________ 1. 我阅读了羊皮卷之八 2. 我复习了上面的重点段落	今天阅读次数____ 实际得分________ 总分________
星期三　日期________ 1. 我阅读了羊皮卷之八 2. 我复习了上面的重点段落	今天阅读次数____ 实际得分________ 总分________
星期四　日期________ 1. 我阅读了羊皮卷之八 2. 我复习了上面的重点段落	今天阅读次数____ 实际得分________ 总分________
星期五　日期________ 1. 我阅读了羊皮卷之八 2. 我复习了上面的重点段落	今天阅读次数____ 实际得分________ 总分________

本周工作记录

星期一____

____

____

星期二____

____

____

星期三____

____

____

星期四____

____

____

星期五____

____

____

本周成就____

____

____

成功记录表

第三十三周　　　　本周总分________

星期一　日期________ 1. 我阅读了羊皮卷之八 2. 本卷重点段落 我须深深地扎在泥土中，等待成熟。我要制定目标，不断超过自己。	今天阅读次数____ 日常行为与之相比应得的分数____ 总分____________
星期二　日期________ 1. 我阅读了羊皮卷之八 2. 我复习了上面的重点段落	今天阅读次数____ 实际得分________ 总分____________
星期三　日期________ 1. 我阅读了羊皮卷之八 2. 我复习了上面的重点段落	今天阅读次数____ 实际得分________ 总分____________
星期四　日期________ 1. 我阅读了羊皮卷之八 2. 我复习了上面的重点段落	今天阅读次数____ 实际得分________ 总分____________
星期五　日期________ 1. 我阅读了羊皮卷之八 2. 我复习了上面的重点段落	今天阅读次数____ 实际得分________ 总分____________

本周工作记录

星期一____

____

____

星期二____

____

____

星期三____

____

____

星期四____

____

____

星期五____

____

____

本周成就______________________________________

____

____

成功记录表

第三十四周　　　　本周总分________

星期一　日期________ 1. 我阅读了羊皮卷之八 2. 本卷重点段落 我须深深地扎在泥土中，等待成熟。我要制定目标，不断超过自己。	今天阅读次数____ 日常行为与之相比应得的分数____ 总分__________
星期二　日期________ 1. 我阅读了羊皮卷之八 2. 我复习了上面的重点段落	今天阅读次数____ 实际得分________ 总分__________
星期三　日期________ 1. 我阅读了羊皮卷之八 2. 我复习了上面的重点段落	今天阅读次数____ 实际得分________ 总分__________
星期四　日期________ 1. 我阅读了羊皮卷之八 2. 我复习了上面的重点段落	今天阅读次数____ 实际得分________ 总分__________
星期五　日期________ 1. 我阅读了羊皮卷之八 2. 我复习了上面的重点段落	今天阅读次数____ 实际得分________ 总分__________

本周工作记录

星期一____

星期二____

星期三____

星期四____

星期五____

本周成就______________________________________

成功记录表

第三十五周　　本周总分________

星期一　日期________ 1. 我阅读了羊皮卷之八 2. 本卷重点段落 我须深深地扎在泥土中，等待成熟。我要制定目标，不断超过自己。	今天阅读次数____ 日常行为与之相比应得的分数____ 总分____________
星期二　日期________ 1. 我阅读了羊皮卷之八 2. 我复习了上面的重点段落	今天阅读次数____ 实际得分________ 总分____________
星期三　日期________ 1. 我阅读了羊皮卷之八 2. 我复习了上面的重点段落	今天阅读次数____ 实际得分________ 总分____________
星期四　日期________ 1. 我阅读了羊皮卷之八 2. 我复习了上面的重点段落	今天阅读次数____ 实际得分________ 总分____________
星期五　日期________ 1. 我阅读了羊皮卷之八 2. 我复习了上面的重点段落	今天阅读次数____ 实际得分________ 总分____________

本周工作记录

星期一____

____

____

星期二____

____

____

星期三____

____

____

星期四____

____

____

星期五____

____

____

本周成就______________________________________

____

____

第二十九章

据说，由于地球自转减慢，再过 180 万个世纪以后，每天将有 25 个小时！

不过，看起来你是等不到那额外的一个小时，好使你卖掉更多的东西，赚更多的钱了。然而事实上，现在你所拥有的每天 23 小时 56 分 4.09 秒得到充分利用了吗？

乔治·塞维兰现在是美国俄亥俄州人寿保险公司最著名的推销员。但是他曾经穷困潦倒甚至走投无路。他在后来为克莱门特·斯通《无限的成功》一书撰文道：

“终于有一天，我被自己负债的总额吓住了。我面临着真正的经济危机。那时，我记起了不知在哪儿看到过的一句话：‘不要期待你本不期待的事情。’”

乔治打算记录一下自己是如何消费时间——这个对

于推销员来说最为宝贵的资产的。“我发现，每个月我和朋友一起喝咖啡就要用去32个小时。我惊讶地意识到，这刚好相当于四个工作日。我还发现，有时候我用在午饭上的时间，要比实际需要长出一个小时。”

正像你用成功记录表进行自省一样，乔治也发明了一种社交记录表，用来记录每天时间利用与浪费的情况。

“当我检查自己的行为时，我发现在很多时候，我在工作时间里社交成功。但是，当我使用社交记录表之后，我意识到：

“‘如果在工作日中社交成功，那么当天的工作一定是失败的。’”

为什么社交成功要比工作成功容易达到呢？你一定知道答案，因为你也深有体会。我也是这样。社交容易，有趣。相反，推销、工作、攻克难关，这些事情让人头疼，毫无乐趣可言。所以，像其他生物一样，我们不加抵抗，拖延敷衍，找出种种借口避免做那些我们原本应做的事。

我们避免行动，得过且过，这种懒于行动的特点，正是在平庸中度过一生的人所具备的。

但你不是这样的。你走过了这么一大段路，一定不会输给那个坏习惯。要想克服掉拖拉的恶习，就必须不断命令自己开始行动，并且要立即服从这个命令。你可以循序渐进，一点点改掉这个坏习惯。

你走过起居室的地毯，那上面有一张废纸。以前的你会对它置之不理，等着你妻子打扫房间。新的你会立刻把它捡起来。

早晨，你把车子开出车库。清洁工已经来过，把你的两个垃圾筒倒空了。以前的你会任它们留在车道上，直到晚上下班回来以后再把它们搬回车库。新的你现在就把它们搬回去。

以前的你从早晨的信件中挑出那些必须回复的备忘录或者信函，其他的都留到以后再处理。新的你知道及时处理每一封信的重要性，马上着手回复每一封信。

以前的你感到不舒服时，决定等到哪一天不那么忙的时候就去看医生。新的你现在就去看病。（对以前的你来说，“不那么忙”的一天永远不会来！）

我敢肯定你还能列举出类似的拖拉行为。如果你不能改掉这个坏毛病，那么我们花在记录表上的时间就白费了。

让我们付诸行动吧！现在就开始阅读：

羊皮卷之九（略）

成功记录表

第三十六周　　本周总分________

星期一　日期________ 1. 我阅读了羊皮卷之九 2. 本卷重点段落 起而行动，方能平定心中的惶恐。 成功不是等待，我现在就付诸行动。	今天阅读次数____ 日常行为与之相比应得的分数____ 总分____________
星期二　日期________ 1. 我阅读了羊皮卷之九 2. 我复习了上面的重点段落	今天阅读次数____ 实际得分________ 总分____________
星期三　日期________ 1. 我阅读了羊皮卷之九 2. 我复习了上面的重点段落	今天阅读次数____ 实际得分________ 总分____________
星期四　日期________ 1. 我阅读了羊皮卷之九 2. 我复习了上面的重点段落	今天阅读次数____ 实际得分________ 总分____________
星期五　日期________ 1. 我阅读了羊皮卷之九 2. 我复习了上面的重点段落	今天阅读次数____ 实际得分________ 总分____________

本周工作记录

星期一____

____

____

星期二____

____

____

星期三____

____

____

星期四____

____

____

星期五____

____

____

本周成就____

____

____

成功记录表

第三十七周　　本周总分________

星期一　日期________ 1. 我阅读了羊皮卷之九 2. 本卷重点段落 起而行动，方能平定心中的惶恐。 成功不是等待，我现在就付诸行动。	今天阅读次数____ 日常行为与之相 比应得的分数____ 总分__________
星期二　日期________ 1. 我阅读了羊皮卷之九 2. 我复习了上面的重点段落	今天阅读次数____ 实际得分________ 总分__________
星期三　日期________ 1. 我阅读了羊皮卷之九 2. 我复习了上面的重点段落	今天阅读次数____ 实际得分________ 总分__________
星期四　日期________ 1. 我阅读了羊皮卷之九 2. 我复习了上面的重点段落	今天阅读次数____ 实际得分________ 总分__________
星期五　日期________ 1. 我阅读了羊皮卷之九 2. 我复习了上面的重点段落	今天阅读次数____ 实际得分________ 总分__________

本周工作记录

星期一______________________________

____

____

星期二______________________________

____

____

星期三______________________________

____

____

星期四______________________________

____

____

星期五______________________________

____

____

本周成就_____________________________

____

____

成功记录表

第三十八周　　　　本周总分________

星期一　　日期________ 1. 我阅读了羊皮卷之九 2. 本卷重点段落 起而行动，方能平定心中的惶恐。成功不是等待，我现在就付诸行动。	今天阅读次数____ 日常行为与之相比应得的分数____ 总分__________
星期二　　日期________ 1. 我阅读了羊皮卷之九 2. 我复习了上面的重点段落	今天阅读次数____ 实际得分________ 总分__________
星期三　　日期________ 1. 我阅读了羊皮卷之九 2. 我复习了上面的重点段落	今天阅读次数____ 实际得分________ 总分__________
星期四　　日期________ 1. 我阅读了羊皮卷之九 2. 我复习了上面的重点段落	今天阅读次数____ 实际得分________ 总分__________
星期五　　日期________ 1. 我阅读了羊皮卷之九 2. 我复习了上面的重点段落	今天阅读次数____ 实际得分________ 总分__________

本周工作记录

星期一______________________________

____

____

星期二______________________________

____

____

星期三______________________________

____

____

星期四______________________________

____

____

星期五______________________________

____

____

本周成就____________________________

____

____

成功记录表

第三十九周　　　　本周总分________

星期一　日期________ 1. 我阅读了羊皮卷之九 2. 本卷重点段落 起而行动，方能平定心中的惶恐。 成功不是等待，我现在就付诸行动。	今天阅读次数____ 日常行为与之相比应得的分数____ 总分____________
星期二　日期________ 1. 我阅读了羊皮卷之九 2. 我复习了上面的重点段落	今天阅读次数____ 实际得分________ 总分____________
星期三　日期________ 1. 我阅读了羊皮卷之九 2. 我复习了上面的重点段落	今天阅读次数____ 实际得分________ 总分____________
星期四　日期________ 1. 我阅读了羊皮卷之九 2. 我复习了上面的重点段落	今天阅读次数____ 实际得分________ 总分____________
星期五　日期________ 1. 我阅读了羊皮卷之九 2. 我复习了上面的重点段落	今天阅读次数____ 实际得分________ 总分____________

本周工作记录

星期一______________________________

____

____

星期二______________________________

____

____

星期三______________________________

____

____

星期四______________________________

____

____

星期五______________________________

____

____

本周成就_____________________________

____

____

成功记录表

第四十周　　　　本周总分________

星期一　日期________ 1. 我阅读了羊皮卷之九 2. 本卷重点段落 起而行动，方能平定心中的惶恐。成功不是等待，我现在就付诸行动。	今天阅读次数____ 日常行为与之相比应得的分数____ 总分________
星期二　日期________ 1. 我阅读了羊皮卷之九 2. 我复习了上面的重点段落	今天阅读次数____ 实际得分________ 总分________
星期三　日期________ 1. 我阅读了羊皮卷之九 2. 我复习了上面的重点段落	今天阅读次数____ 实际得分________ 总分________
星期四　日期________ 1. 我阅读了羊皮卷之九 2. 我复习了上面的重点段落	今天阅读次数____ 实际得分________ 总分________
星期五　日期________ 1. 我阅读了羊皮卷之九 2. 我复习了上面的重点段落	今天阅读次数____ 实际得分________ 总分________

本周工作记录

星期一____

____

____

星期二____

____

____

星期三____

____

____

星期四____

____

____

星期五____

____

____

本周成就______________________________________

____

____

第三十章

上帝存在吗？

如果你肯定他不存在，那么你也不必进行这最后的五个星期了。因为第十张羊皮卷是为祈祷者而写的。如果你不相信冥冥之神在聆听，那么祷告就毫无意义了。

1958年，为了庆祝国际地球物理年，G. P. 普特曼公司出版了一本书，名为《浩瀚的宇宙证明神》。对于那些怀疑上帝存在的人，我极力地推荐这本书。

该书作者中没有一位宗教领袖或圣经专家。相反地，它是由40位卓越科学家合力撰写的。每人都提出上帝存在的科学论证。

直到现在，我仍为之吸引。这些学识渊博之士不顾同事的讥笑，大胆陈言，表达自己的信仰。而他们同事的人生哲学通常都是无神论的唯物主义。他们的神就是现代化的尖端科技。

尽管如此，生物物理学家弗兰克·艾伦、动物学家爱德华·路得·恺瑟、生理学家沃尔特·奥斯卡·伦德伯格、数学家兼物理学家唐纳德·亨利·波特、遗传学家约翰·威廉·克劳兹、地球化学家唐纳德·罗伯特·卡尔、天文学家彼得·W. 斯通、化工工程师奥林·卡洛尔·卡尔克利斯、医学内科专家马尔科姆·邓肯·温特、生物学家塞西尔·科恩菲尔德、土壤学家莱斯特·约翰·齐默尔曼以及其他 29 位富有创造力的科学家，对上帝的存在深信不疑。他们对上帝的存在提出了合乎逻辑的科学证据，坚定了我以前摇摆不定的信仰，较以往所闻布道更具说服力。

虽然让人相信一切将会招惹麻烦，我还是希望你能相信确有神或者一种力量控制着你的生活。尽管近年来你疏于与其交流，你仍然要相信，确有神在。这就够了。

我不奢望我会打动你，就像一个小女孩曾经打动过一位将要为她进行手术的医生那样。那位医生把小女孩抱在手术台上时说：“孩子，我们在治好你的病以前，先要让你睡一会儿。”

小女孩仰着脸，微笑着望着医生说：“你们要我睡觉的话，我得先祷告。”说着，她跳起来，跪在大理石地面上，双手合十，念念有词道：“主啊，现在让我躺下睡觉吧。”

后来，那位医生说，当晚他自己也跪在床前祷告。自从他长大以后，这还是第一次。

接下去的五个星期（但愿永远），你不要祈求帮助或者这样那样的收获，只要求得指引。你知道吗，在美国华盛顿，成百上千名立法者，聚集在一起，静静地祈祷，双膝跪地，请求神的指引。

你可以想象这样一幅画面吗？一个超级大国的将领、内阁成员、参众议员、白宫幕僚等位居高职者，纷纷跪倒在地，怀着无助与谦卑的心情，向上帝祈祷。

你可以想象这样一幅画面吗？威武潇洒的依阿华州参议员哈罗德·休斯，身高6.3英尺，体重200磅，手表上刻有“为今天而活”的字样，率众出访时，跪地祈祷。

他们是否知道一些我们所不了解的事情？

也许是。但是他们从不祈求小恩小惠，只是求得指引，以使自己有能力做出选择，解决每天遇到的问题，随时迎接挑战。

我相信，任何为个人得失或危机而做的祷告都将石沉大海。有例为证：乔治亚州有位农夫和他的儿子在地里耕种。突然间，电闪雷鸣，狂风大作。老农赶紧跑回农舍，回身看见儿子正仰望天空。

老人喊道：“喂，你在干什么？”

“我在祷告，爹。”

“祷告！现在祷告，上帝不会理你的。还不快跑！”

在这最后一卷中，成功祷告将给你一个圆满的结局。在此，我们将总结所有前面提及的成功原则。

我相信，阅读之后，你会获得力量和激励。无论将来发生什么，你都会继续前进。

记住：**“只要决心成功，失败永远不会把你击垮。”**

祝你这五个星期过得愉快。

羊皮卷之十（略）

成功记录表

第四十一周　　　　本周总分________

星期一　日期________ 1. 我阅读了羊皮卷之十 2. 本卷重点段落 我不祈求小恩小惠，只祈祷冥冥之神为我指点迷津。引导我，帮助我，让我看到前方的路。	今天阅读次数____ 日常行为与之相比应得的分数____ 总分____________
星期二　日期________ 1. 我阅读了羊皮卷之十 2. 我复习了上面的重点段落	今天阅读次数____ 实际得分________ 总分____________
星期三　日期________ 1. 我阅读了羊皮卷之十 2. 我复习了上面的重点段落	今天阅读次数____ 实际得分________ 总分____________
星期四　日期________ 1. 我阅读了羊皮卷之十 2. 我复习了上面的重点段落	今天阅读次数____ 实际得分________ 总分____________
星期五　日期________ 1. 我阅读了羊皮卷之十 2. 我复习了上面的重点段落	今天阅读次数____ 实际得分________ 总分____________

本周工作记录

星期一____

____

____

星期二____

____

____

星期三____

____

____

星期四____

____

____

星期五____

____

____

本周成就____

____

____

成功记录表

第四十二周　　　　　　本周总分________

星期一　日期________ 1. 我阅读了羊皮卷之十 2. 本卷重点段落 我不祈求小恩小惠，只祈祷冥冥之神为我指点迷津。引导我，帮助我，让我看到前方的路。	今天阅读次数____ 日常行为与之相比应得的分数____ 总分__________
星期二　日期________ 1. 我阅读了羊皮卷之十 2. 我复习了上面的重点段落	今天阅读次数____ 实际得分________ 总分__________
星期三　日期________ 1. 我阅读了羊皮卷之十 2. 我复习了上面的重点段落	今天阅读次数____ 实际得分________ 总分__________
星期四　日期________ 1. 我阅读了羊皮卷之十 2. 我复习了上面的重点段落	今天阅读次数____ 实际得分________ 总分__________
星期五　日期________ 1. 我阅读了羊皮卷之十 2. 我复习了上面的重点段落	今天阅读次数____ 实际得分________ 总分__________

本周工作记录

星期一________________________________

____

____

星期二________________________________

____

____

星期三________________________________

____

____

星期四________________________________

____

____

星期五________________________________

____

____

本周成就________________________________

____

____

成功记录表

第四十三周　　　　本周总分________

星期一　日期________ 1. 我阅读了羊皮卷之十 2. 本卷重点段落 我不祈求小恩小惠，只祈祷冥冥之神为我指点迷津。引导我，帮助我，让我看到前方的路。	今天阅读次数____ 日常行为与之相比应得的分数____ 总分____________
星期二　日期________ 1. 我阅读了羊皮卷之十 2. 我复习了上面的重点段落	今天阅读次数____ 实际得分________ 总分____________
星期三　日期________ 1. 我阅读了羊皮卷之十 2. 我复习了上面的重点段落	今天阅读次数____ 实际得分________ 总分____________
星期四　日期________ 1. 我阅读了羊皮卷之十 2. 我复习了上面的重点段落	今天阅读次数____ 实际得分________ 总分____________
星期五　日期________ 1. 我阅读了羊皮卷之十 2. 我复习了上面的重点段落	今天阅读次数____ 实际得分________ 总分____________

本周工作记录

星期一____

____

____

星期二____

____

____

星期三____

____

____

星期四____

____

____

星期五____

____

____

本周成就______________________________________

____

____

成功记录表

第四十四周　　本周总分________

星期一　日期________ 1. 我阅读了羊皮卷之十 2. 本卷重点段落 我不祈求小恩小惠，只祈祷冥冥之神为我指点迷津。引导我，帮助我，让我看到前方的路。	今天阅读次数____ 日常行为与之相比应得的分数____ 总分________
星期二　日期________ 1. 我阅读了羊皮卷之十 2. 我复习了上面的重点段落	今天阅读次数____ 实际得分________ 总分________
星期三　日期________ 1. 我阅读了羊皮卷之十 2. 我复习了上面的重点段落	今天阅读次数____ 实际得分________ 总分________
星期四　日期________ 1. 我阅读了羊皮卷之十 2. 我复习了上面的重点段落	今天阅读次数____ 实际得分________ 总分________
星期五　日期________ 1. 我阅读了羊皮卷之十 2. 我复习了上面的重点段落	今天阅读次数____ 实际得分________ 总分________

本周工作记录

星期一____

____

____

星期二____

____

____

星期三____

____

____

星期四____

____

____

星期五____

____

____

本周成就______________________________________

____

____

成功记录表

第四十五周　　　　　　　　　　本周总分________

星期一　日期________ 1. 我阅读了羊皮卷之十 2. 本卷重点段落 我不祈求小恩小惠，只祈祷冥冥之神为我指点迷津。引导我，帮助我，让我看到前方的路。	今天阅读次数____ 日常行为与之相比应得的分数____ 总分__________
星期二　日期________ 1. 我阅读了羊皮卷之十 2. 我复习了上面的重点段落	今天阅读次数____ 实际得分________ 总分__________
星期三　日期________ 1. 我阅读了羊皮卷之十 2. 我复习了上面的重点段落	今天阅读次数____ 实际得分________ 总分__________
星期四　日期________ 1. 我阅读了羊皮卷之十 2. 我复习了上面的重点段落	今天阅读次数____ 实际得分________ 总分__________
星期五　日期________ 1. 我阅读了羊皮卷之十 2. 我复习了上面的重点段落	今天阅读次数____ 实际得分________ 总分__________

本周工作记录

星期一______________________________

____

____

星期二______________________________

____

____

星期三______________________________

____

____

星期四______________________________

____

____

星期五______________________________

____

____

本周成就____________________________

____

____

故事的结尾

由于《羊皮卷的故事》的出版完全改变了我及我家人的生活，我不想冒险去创作任何可能以某种方式冲淡或伤害原作的续集。而且，我虚构的英雄海菲已陪我走过了20年，就像在现实生活中陪我走过了20年一样，在任何续集中他都是一个60岁的老人了，我实在不知道，我还能让这么一位老男孩做出什么不同凡响的事情来。然而，有一天早上，当我正飞向里斯本，要为北美公司的顶级制片人年度聚会做演讲时，我突然意识到，我比海菲还大了几岁，我却仍然写作不辍，还在世界各地飞来飞去，发表演说，接受广播、电视等媒体的采访，更不用说我还能打250码以上的高尔夫球。如果我能做到，他当然也可以！那时我就决定，世界上最伟大的推销员不应该这么早就退休。

奥格·曼狄诺

1988年

第三十一章

一座由大理石筑成的宏伟宫殿矗立在大马士革的郊区，宫殿的四周环绕着巨大的棕榈树，里面住着一位非比寻常的人物——已经退休的商界大亨海菲。他庞大的商业王国没有国界，跨越了从帕提亚到罗马再到大不列颠的许多土地，他的成就在当时成了西方世界的神话，世界各地的人们都称他为世界上最伟大的推销员。

当他的贸易王国经历二十六年破纪录的发展之后，海菲决定自商界退隐，而他那鼓舞人心的传奇故事却早已传遍了整个世界——这位从一个卑微的骆驼僮仆摇身一变成为集权威富贵于一身的大商人，他的财富传说正在被世界各地的人们咏唱着，歌颂着……

那是一个极不太平的时代，大动荡使整个世界都充斥着不安与恐慌，几乎所有文明世界的人民都不得不对罗马皇帝恺撒和他的大军卑躬屈膝，敬畏有加。然而海菲的名声和威望，却使他成为一个活着的传说，尤其是在罗马帝国的东疆边界，在那个饱受穷困蹂躏的叫作巴勒斯坦的地方，人们将大马士革的海菲的故事谱成歌曲，写成诗句，他们歌颂海菲这个鲜活的例子，来证明不论在何种艰难的环境下，无论遭逢多少障碍，一个人只要不向命运屈服，他仍能取得应属于他的成功。

然而，尽管他已经达到世人梦寐以求的理想地位，尽管他已拥有数不清的物质财富，这位世界上最伟大的推销员的退隐生活却一点也不快乐。

如同往常一样，一日清晨，海菲首先做了组弯腰运动，然后从他豪宅的后门走了出来，小心翼翼地踩在沾着露水的抛光的玄武石地砖上，步伐矫健地穿过巨大而阴暗的庭院。远方传来公鸡的啼鸣，晨阳在东方的天际向无垠的沙漠洒下了第一缕金光。

海菲在宽阔露台中央的八角形喷泉旁停了下来，深深吸了口气，颔首欣赏爬满庄园周围石墙的怒放的浅黄色茉莉花。他束紧腰间的皮带，拉着他柔软的亚麻布长袍，放慢脚步继续走着。他穿过一道由丝柏树绕成的天然拱廊，在一个毫无装饰的花岗岩墓冢前停了下来。

“早上好，我亲爱的丽莎。”他孤零零地站在那儿，一边说着，一边伸手向前轻柔地爱抚着。一朵白色的玫瑰花蕾从一片高大的灌木丛中探出头来，守卫着墓穴沉重的青铜门。海菲在旁边一张桃花心木雕花长椅上坐了下来，他凝视着那座墓室，墓室里埋葬的是他深爱的女人，她曾分担了他生命中的绝望与挣扎、他的奋斗历程，也分享了他的胜利、他的成果……

海菲感到有人在轻拍他的肩膀，同时听见伊拉玛那熟悉而沙哑的声音，他不用张开眼睛便能辨认出来。伊拉玛不但是他多年来的老账房，更是他忠实的伙伴。

“对不起，老爷……”

“早上好，我的老朋友。”

伊拉玛微笑着指了指他们头顶上的太阳：“早晨已经过了，老爷，上午好。”

海菲叹了口气，摇摇头说：“这是人到晚年的另一个危机，晚上怎么也睡不着，总是天不亮就起床，然后一整天就像一只睡猫般瞌睡个没完，这实在是没办法的事，一点办法都没有。”

伊拉玛点点头，将双手交叉在自己胸前，等待着再听一场悲叹人老的演说。但今天却和往日不同，海菲突然从椅子上一跃而起，迈着大步冲到墓室前，他将手放在墓石上，然后转过身来，以一种强而有力的音调大声说道：

“我竟然变得这么自怨自艾！伊拉玛，你告诉我，我是从什么时候开始过上了这种自私孤独的生活，成天只知自怨自艾？”

伊拉玛吃惊地睁大了双眼，然后回答道：“您的巨大变化始于丽莎的去世，安葬完丽莎后，您突然决定把所有的账房和商队都处理掉，您过着这样与世隔绝的日子，已经十四年了。”

海菲的眼睛湿了：“我的好兄弟，你是怎么容忍我这种暗自悲伤的行为这么长时间的啊？”

老账房低头盯着他的手，说道：“我们在一起将近四十年了，我对您的爱是无条件的。我在您取得最伟大的成功、您最幸福的时刻为您服务，现在，我依然很乐意为您服务，虽然我对您这种自甘做一个行尸走肉的态度、过着的这种虽生犹死的生活伤透了脑筋。您没办法让丽莎起死回生，便一直想跳进那个坟墓去与她团聚。您还记得在许多年以前，您曾经告诉过我，等您去世在此安息时，要我在这丛白玫瑰旁边种植一丛红玫瑰吗？”

“记得。”海菲回答道，“同时我们也不要忘记，我曾一再向你提过的事，就是等我死后，这座宫殿和库房将永远属于你了。这份小礼物，是对你无数年来的忠诚和友谊的小小报答，以及对自从我失去丽莎以来，你为我忍受的一切的一点微不足道的谢意。”

海菲伸出手来，折断了那朵孤独的白玫瑰，回到长椅边，小心翼翼地将它放在这位老朋友的腿上："伊拉玛，自怜是所有疾病中最可怕的一种，我已经被它折磨得太久了。我因太过悲伤而愚蠢地将自己与世隔绝，躲在这巨大而阴森的房子里过着隐士般的生活，够了！是时候改变了！"

"老爷，可是您这些年来并没有虚度光阴，您给大马士革的穷人捐了那么多钱……"

海菲打断道："钱？那对我来说算什么贡献？所有富有的人都会送给穷人金子来自我麻痹，以这些贡献作为满足他们虚荣和至尊的养分，并确保全世界都知道他们的慷慨，但对他们来说，这不过是一文不值的硬币。不，亲爱的朋友，你不应该给我的这种行为鼓掌，相反，你应该可怜我不愿意多分享自己的东西——我的同情心和爱心。对深陷疾苦中的人们给予关心，远较以纯粹的金钱施予他们更有价值……"

"可是，可是，"伊拉玛争辩道，"您在退隐中还是做了一些有益的事啊，您不是终日埋头在您的图书室里，阅读世界上最伟大的思想家的著作，潜心研究他们的理念和原则吗？"

海菲点了点头："我年轻时没有机会接受教育，我不舍昼夜地研读，正是为了弥补我那时的缺憾，这份努力打开了我的眼界，使我看到了一个奇妙的、有希望的世界，那个世界，是当初我在追求财富和成就之时无暇去认识的。然而，我沉溺于悲伤太久了，这个世界曾给了我人类所希望得到的一切，现在是我开始回馈的时候了，我要尽我所能去帮助所有愿意接受帮助的人，让他们都过上更好的生活。我还没准备就此长眠在这里，我曾经嘱咐你在我死时栽的红玫瑰，尚须等些时日。”

喜悦的泪水顺着伊拉玛布满皱纹的脸颊滑落下来，海菲继续说道：“李维七十五岁的时候还在写罗马史，提比略大帝统治着罗马帝国直到八十岁，和他们比起来，我还是一个小孩……一个身体健康的六十岁小孩！我的肺功能正常，我的肌肉结实，我的视力很好，我的心脏很强壮，我的头脑和二十岁时一样机敏，我相信我已准备就绪，去邂逅我生命的第二个春天……”

“这是多么伟大的奇迹啊！”伊拉玛仰望着苍天，高声喊着，“多年来，我一直为您忧愁烦恼，我的祈祷终于得到了回应。老爷，请告诉我，是什么原因让这位深受世人爱戴和敬仰的人突然奇迹般地复活？”

海菲笑着说：“丽莎。”

“丽莎？”

“你可记得，曾经有多少次，丽莎梦到的事最后都成了事实？”

伊拉玛点点头说：“当她醒来后，将梦到的情景告诉我们，总能引导我们避开一些不利的投资计划。”

海菲指着长椅说：“我今天早晨在这儿打盹的时候，又梦见了丽莎，她牵着我的手，陪我走过大马士革的街道，指着那些正遭受饥饿、疾病、伤痛、迷茫、穷困、不幸和痛苦的人，我听见她轻声地告诉我，我再也不能忽视这些人了。她提醒我，在世界各地，还有无数的人像这些老百姓一样孤立无援，没有人能够帮助他们脱离困境，我不能闭上眼睛，无视他们的苦难，像一条虫子一样挖个洞躲起来，假装不知道。”

“老爷，丽莎从来没有对您说过这样的话啊！”

“没错，伊拉玛，她以前是不会说出这些话来的，但是，我梦见的还不止这些。她接着告诉我，我这一生即将重新开始，隐居的日子已经结束了，因为有一个陌生人今天将会来到家中，就是今天，而我不会像以往拒绝那些人一样拒绝他。丽莎说，这个陌生人将给我提供机会，让我掌握一把开启自己未来的钥匙——这是一把将会影响许多人生活的金钥匙。伊拉玛？伊拉玛？你为什么脸色苍白，出了什么事？”

“老爷，请您原谅我，您突然的转变实在让我太高兴了，我竟忘了向您报告，有一位客人正在图书室里等着您。”

“是我的朋友吗？”

“是个陌生人，至少对我而言是个陌生人。他说他的名字叫盖勒纳斯，来自耶路撒冷，他有个生意要给您做。”

“你为什么没把他打发走？这些年来，我不是命令你将所有的访客通通打发走吗？”

“老爷，这个人有些不同寻常，我不能要求他离开。”

“他难道不知道听我商业计划的日子早就过去了吗？”

伊拉玛微笑着，歪着头回答道：“他不知道，同时，他也不知道他的造访您已经在梦里提前知道了，您还想让我打发他离开吗？”

十多年来，海菲的笑声第一次在整个庭院中回荡，两位老友相互拥抱，然后转身走向宫殿。

“我们走快点，伊拉玛，不要让梦等太久了！”

第三十二章

一个陌生人站在巨大图书室中央的金鱼池旁，敬畏地注视着数以千计的羊皮卷轴，胡桃木制的书架从黑色大理石地板延伸到由蓝色和金色马赛克瓷砖装饰的高高的天花板。

盖勒纳斯个子矮小，他那剪得很精致的白色短发与黝黑的面容形成了强烈的对比。尽管身材不高，但他身上却散发出一种威严，让人不由得心生敬重。伊拉玛将客人介绍给他的主人之后，退到了一边。

“我很荣幸终于见到了世界上最伟大的推销员。”盖勒纳斯向海菲鞠了一躬，说道，“我被这间屋子惊呆。多么宏伟的收藏品啊！就连罗马帝国的克劳狄乌斯皇帝也会嫉妒得脸色发青。”

海菲自豪地点了点头：“是的，在这里，我可以和贺拉斯、维吉尔、卡图卢斯、卢克莱修以及其他许多富有远见和智慧的人隔空交流、畅谈古今。靠南墙的书架上，是瓦尔诺作品全集，可能也是世上唯一的一套瓦尔诺全集，共七十四册、六百二十卷。

“不论如何，我想你今天绝不是来和我谈论我的藏书的，同时，我也要为让你久等而向你道歉，你请坐吧！”他指着一张靠背上嵌着玳瑁和宝石的沙发说道。

听到海菲这样严肃的语调，盖勒纳斯立刻言归正传，说明此次拜访的目的。“先生，据我所知，您曾掌管过一个庞大的贸易帝国，您还精通希伯来语、希腊语和罗马语，是这样吗？”

海菲皱了皱眉，朝伊拉玛看了一眼。伊拉玛耸耸肩膀，避开了他的眼神。“精通我不敢说，”海菲回答道，“但早年出于做生意的需要，我确实将自己训练到至少能用这三种语言熟练地和别人交谈了。”

盖勒纳斯朝海菲倾了倾身子：“最亲爱的商人，您可知道，我们正进入一个人类对知识的渴望似乎没有边界的时代，在这个时代，人类对各种知识都渴望获得。由于普通人都不再甘心做一个普通人，因而人们在思想和精神上都在寻求自我变革。他们希望得到指引、建议和教导，以便知道如何智慧地运用自己的天赋才能，来改变这一生的命运。

“为了满足大众寻求自我变革的需要，无数的导师和演说家从一个城市到另一个城市，将他们的知识和经验与大众共享，内容无所不包，从占星术到农业，从投资到医药……他们面对广大的群众进行演说，不论听众是否受过教育，不论是在山坡、运动场、集会上，还是戏院，甚至是在寺庙。”

盖勒纳斯停了下来，等待主人的回应，见海菲继续保持沉默，便接着说：“但是，在这些演说家当中，也有一些口才流利的骗子，他们收取高额的入场费，然而提供的信息对听众来说却并没有多大价值；另一方面，则有许多出色的演讲大师，他们从一生的挣扎中吸取教训，将穷毕生之奋斗与观察得来的宝贵经验和教训毫无保留地对听众倾囊相授，使他们的处境能够真正得到改善，生活变得更加美好。他们不但通过巡回演讲积累了大量的追随者，也赚到了巨大的财富。”

海菲举起手来，嘴边挂着耐心的微笑：“先生，我对这些精于雄辩术的大师非常清楚，除了少数几个搅局的之外，我为他们促使这个世界变得更好的努力而欢呼。但这些和我有什么关系呢？”

“伟大的推销员，”盖勒纳斯说，“我是一位经验丰富的展览、比赛和其他大众娱乐活动的推动者。在过去的二十年里，我策划并组织过辩论、演讲、音乐会、格斗、摔跤、戏剧以及无数的比赛，举办的地点包括雅典、耶路撒冷、亚历山大里亚、罗马，还有无数较小的城市，遍及整个文明世界。”

“这确实很有趣，盖勒纳斯，我对此很佩服。但你为什么到我这里来呢？”

这位客人的声音里带着一丝颤抖：“先生，我想为您这位世界上最伟大的推销员举办几次巡回演讲。我确信，您的故事一定会改变许多人的生活，您的演说必定是权威感十足的。因为您的声誉将保证您能从世界各地吸引到广大的群众，所以我要把您请到一个面向世界的平台，这样您才有机会去指导和激励普通的男男女女掌握必要的技巧，使梦想终有实现的一天。海菲，这个世界真的迫切需要您这位行家的指引。”

海菲立刻接受了盖勒纳斯的方案，这倒使盖勒纳斯吓了一大跳，过了好几分钟才回过神来。共进午餐后，海菲讲述了他早晨的奇怪梦境和丽莎的预言，于是他们围坐在图书室的大柚木桌旁继续讨论着，伊拉玛则在一旁做着笔记。

“我们第一次的演说之旅，”盖勒纳斯解释道，“对您来说，将是一个简短但却重要的学习之旅。”

“您先在较少的听众前演说，借此精练您的讲词，同时学到一些雄辩修辞的基本原则。我将会仔细观察您头几次的演说，然后将任何可能增进您演说技巧的建议都提供给您。我们先在附近几个小城镇做一个试验性的演说之旅，最初的四到五场演说足够帮助您决定是否还要继续做下去，到世界上的各大首都去发表演说，那里的听众人数可就不是几百个，而是成千上万了。”

“你的考虑非常周到，”海菲微笑着说，“如果我当众出丑的话，当然在人越少的地方越好。”盖勒纳斯笑着说：“我相信那是不会发生的。您若同意，我明早就出发，为您最初这四五个城镇的演说做一些必要的安排，每两个城镇间的距离，将不会超过半天的路程。然后我会回来陪着您完成整个演讲的旅程，您的篷车商队曾经跨过全世界，所以我推测在您的马厩里，一定还停放着一辆坚固舒适的篷车，装得下我们以及我们的行李。”

“我是有一辆我最珍爱的篷车，闲置了这么多年，可能需要做一些修理。当然了，伊拉玛也会陪着我们一块儿进行这趟旅行，这辆马车大得足够睡下四个人，需要四匹马来拉。我有几匹阿拉伯种马，它们也可以和主人一样，从退休中复出。讲起这辆马车，还是犹太行省总督本丢·彼拉多送给我的礼物，那至少是十五年前的事了，我以很合理的价钱，卖给他两百匹骑兵队用的一流种马。”

“真是太好了。在每一个城镇，我都会为您的演说租用最适合的场地，不论是剧场、运动场、竞技场还是学校，同时我们也会在当地招募那些最适合的人来向公众宣传您的形象，使您的公开演说能够达到最好的效果。”

伊拉玛终于打破了他的沉默：“盖勒纳斯，你提到有许多巡回演说家因此而赚了不少钱，我一直耐心地等候你谈一谈关于财务方面，你的计划是？”

“当然，所有的开销，例如食宿、场地费，以及招募的推广人员的佣金，都将先从我们门票的总收入中扣除，然后，我保留25%作为我的收入，其余的75%给海菲。这是最受人尊敬的演说家的标准行情。”

“听起来是相当公平合理的，”海菲说，“将我的收入全部交给伊拉玛，他负责看管我的荷包已有很多年了，我看不出有任何理由在这个时候改变我们一向的习惯。然后，我们会再讨论要将这钱捐给哪一个慈善机构。”

盖勒纳斯说：“我至少要离开两个星期的时间，以便安排您的行程。当我不在的时候，您正好可以准备您的讲稿并排练演讲。事实上，我碰到过的一些伟大的演说家都告诉过我，他们总是在不断地练习。他们把每一场演说，都当成是在为下一场做排练……他们的遣词用句似乎总是在变化，以适应他们的听众、当下的重要新闻，甚至天气。”

海菲此时此刻正在一小张羊皮纸上潦草地记着笔记："就时间的长度来说，盖勒纳斯，一个演讲应该多长才好？"

"这倒没有什么特别的规定。我认识一个著名的哲学家，他曾经一次演讲了四个多小时，我却什么也没记住。但我仍记得，多年前，我在耶路撒冷附近的一座山上，听见一位年轻的传教士在一段不到半小时的谈话中，以力量和爱心感动了在场的每一位听众。（这位年轻的传教士就是救世主耶稣基督。——译者注）我建议您先写一篇能在一小时内讲完的演讲稿，然后尽量将它熟记下来，这样您在演讲的时候才能显得很自然，而不是照着稿子念。若是超过一个小时，即使是最忠实的听众，他的臀部也会坐麻。"

伊拉玛忧心忡忡地望着他的主人："您想出您演讲的主题了吗？"

海菲站了起来，开始在铺着瓷砖的地板上来回踱步，仿佛他已经在排练了。"我常会想到很多年以前，每年我都会把我们所有的经理召集在这里，就是这间图书室里，与我一起回顾过去一年的成果，以及展望他们未来的目标。我每次对他们谈的，不是我们货物的品质，也不是我们的销售量，而是每一个人对未来的愿景，以及如何更好地运用他的才能和潜力，以达到他预计的目标。

我常会谈到改变这两个字，改变是痛苦的，但却是必需的。我常提醒他们，不论我们的年纪在哪个阶段，我们都在持续成长，不要像那野地里盛开的百合花，花开过后就变成枯草，掉在地上，或被踩踏，或被吹走。我永远都在提醒他们，只要每时每刻都不放弃自己，他们便能完成了不起的大事。今天，只要你走在大马士革或其他任何城市的街道上，都可以看到完全迷失了方向的人。今天早晨，亲爱的丽莎在梦中带我看到了，而我自己也观察到，这个世界并不快乐，有些地方不对劲，非常不对劲。上帝为我们提供了实现任何目标所需的一切工具，但我们却将计划和蓝图搞丢了，所以我们除了建造悲伤楼阁之外，建造不出任何其他东西。也许，我可以用我微薄的力量来帮助上帝，通过在小路上丢些小鹅卵石做记号的方法，为那些寻求引导的人们标记出一条道路，使他们走上自己所寻求的道路，就像很久以前我被引导走上我的道路一般。”

第三十三章

在他这个年龄，大多数人都满足于在树荫下回忆往事，而这位世界上最伟大的推销员却在此时开始了新的职业生涯。

他的第一场演讲，是在凯撒利亚附近一个陈旧的会议厅发表的，听众还不到一百人，演讲结束后，他们到附近的商队旅店吃晚饭，海菲和两个同伴回顾了当晚的情形。

“您所传达的讯息，”盖勒纳斯说，“可说是简洁有力，我确信您提出的许多成功原则对在场的每一个听众来说，不论他们现在的处境如何，都是非常有价值的。当然，在任何讲台上也没有任何人能有资格站在您的位置讲话，因为没有一个活着的人能与您的成功齐肩并举。想到您将来会到罗马、耶路撒冷等世界大城市去演讲，我这颗心就兴奋得怦怦直跳。到那时，无数听众都会拥来听大师的演说，不论演说的会堂有多大，都容纳不了那么多人，让您不得不连做好几天的演说才行，想到这些就令人高兴！”

海菲将他的盘子推到一边，严肃地说：“盖勒纳斯，请将你这些恭维的话先藏在肚子里，到我真正达到的时候再说吧。现在，我只请你告诉我，我今晚蹩脚的表现怎样才能有所改善？”

“这只是您的第一次演说，海菲，您不能对自己太苛刻，雄辩演讲是一门不易掌握的艺术。今天晚上，我注意到您将几个本来要讲的要点给忘了，但您很平静地将此带过并继续讲了下去，我相信没有一个听众觉察到您的失误。也许，您可以考虑在演说之时，多加一些肢体动作，试着不时向您的听众走近一些，停下脚步，然后再转身走开而不说任何话。首先您要记住的是，一名好的演说家，就是一名好的演员。当您要强调一个要点的时候，您要增加手势，同时也要注意提高或降低您的声音。最重要的一点，尽可能地注视您的听众，与越多的听众视线相交越好，但一次只看一个人，就好像你们俩是在面对面地私下谈话一般。”

海菲忧伤地摇摇头：“我有太多东西要学。”

盖勒纳斯拍了拍他的胳膊：“要有耐心，我的朋友，要有耐心。我知道您并不是在一天之内就成为最伟大的推销员的。这么多年来，我接触过无数的演说者，但我必须要告诉您，今天晚上，我对您的镇定与自控力感到惊讶，但回顾您的过去，我实在不该感到意外才是，您曾面临并克服了多少困难，迎接过多少挑战，与您走过的一生相比，今晚的挑战对您来说又算得了什么呢？”

“正相反，”海菲叹了口气，“我不确定，我说的话对那些人是否有价值，他们似乎对我的话无动于衷，结尾时几乎没有掌声。”

“时候就会到来的，老爷，”伊拉玛安慰道，“时候就会到来的。”

但是时候一直未到，不论是在伯赛大、哥拉汛，还是迦佰农，海菲都未能点燃听众的热情。

他这趟巡回演说的最后一站，是拿撒勒的山边小村，由于这是一个军事重地和商旅必经之处，参加的听众有将近三百人，盖勒纳斯和他的助手们把他们全部挤进了镇上唯一一家旅店的餐厅。

海菲在往后的岁月中回想起来，总是庆幸他最后还是决定在拿撒勒做演说，那一次演说，对他的余生产生了巨大的影响。在迦佰农的演说之后，他明白自己并没有打动那些渔夫和商人的心，他伤心得几乎要取消最后一站的行程，提早回大马士革。但他有个习惯，那就是任何一件事，只要开始做了，便绝不会中途放弃，他的嘴里从来说不出“我的选择是放弃”这几个字。恰恰正是他的这个特性，推着他来到拿撒勒。

虽然海菲的演说一次比一次有进步，但拿撒勒那场演说本身并未给听众留下多么深刻的印象。然而，在听众席的第二排，坐着一位颇受他尊重的老友，聚精会神地听着他的每一句话。他的名字叫塞尔吉，是罗马帝国多年来驻塞浦路斯的总督。整场演说中，他都一直鼓励地微笑点头，当海菲讲完最后一句话时，他立刻站起身来用力鼓掌。

等海菲回答完听众的最后一个问题后，这一对老朋友手挽着手，一同走上旅店的阶梯，盖勒纳斯和伊拉玛跟随在后面，塞尔吉先点燃了油灯，然后招呼客人进去。

“这个房间比不上我在塞浦路斯帕佛官邸的任何一所房间，”他笑着再度拥抱海菲，“但因为你的到来，伟大的推销员，还有你忠实的伙伴伊拉玛，这里蓬荜生辉。我们有多久没见了？”他一边将皮酒袋中的酒倒入四只酒杯中，一边问道。

“总督啊，将近有二十年啦，但是你却一点都没有老。”

“哈，即使是最伟大的推销员，有时也会歪曲事实。”塞尔吉回答道。伊拉玛一边喝着酒，一边向盖勒纳斯描述海菲的商队与塞浦路斯人做买卖时的光辉岁月。

海菲提出从他在听众席中看到塞尔吉时就存在他心中的疑问：这位尊贵的塞浦路斯总督为何会离他领地这么远，来到拿撒勒这样一个孤独的小村庄?

“从某方面来说，海菲，我之所以到这里来完全该怪你才是。你可知道一个名叫保罗的塔苏斯人？”

“当然知道，一个小小的传教士，却有着洪亮的声音，他把一个叫作耶稣的人所讲的道理，四处去传播。而那个叫耶稣的人，是因为背叛了恺撒，而被本丢·彼拉多钉在十字架上，罪名是煽动叛乱。当我遇见保罗的时候，人人都把他当作敌人，他的性命也危在旦夕，他跑到我这里对我说，有一天他在耶路撒冷的圣殿里祈祷时，听到了一个声音，那声音告诉他，如果他想将他的信仰推销给众人的话，他必须要向世界上最伟大的推销员去学习推销的艺术。”

“你同意帮他了吗？”塞尔吉问。

“是的。”海菲回答。

塞尔吉点点头，微笑着说：“你一定给了他最好的训练。他带着极大的勇气来到塞浦路斯，以你的人格担保，要求我听他讲道，两天之后，我就皈依了他的信仰，从此之后，我便成了耶稣的信徒。”

“你？你这个罗马人？”

“据我所知，我可能是罗马人中第一个成为耶稣信徒的人。难道他没有劝你改信耶稣基督吗？你给了他那么多宝贵的建议，让他在推销真理之时就像推销货物一般容易。”

“没有，他当天晚上就离开了，从那以后我就再没有见过他，尽管这些年他经常写信给我。塞尔吉，你到现在都还没有告诉我，为什么你会来到这个被上帝遗弃的地方。”

总督大笑道：“被上帝遗弃的吗？我几乎没有意识到我生命的沙漏就快要漏光了，我想在我死之前来到巴勒斯坦，踏过耶稣所走过的足迹，我把塞浦路斯的政府交给贤能的人去管理，请了三个月的假来到这里，希望能在这个耶稣住过，并感动过无数人的地方，看看我能为这个世界做些什么。”

“巴勒斯坦有这么多城镇，你选择拿撒勒有什么特别的意义吗？”

“耶稣从幼年到青年都是在这里生活的，他在一个小小的木匠店里帮助他的父亲……”

“但他不是在这里出生的。”海菲打断了他的话。

塞尔吉突然面色苍白地问道：“既然你不是耶稣的追随者，又怎么会知道这件事？”

“因为在伯利恒的一个马厩里，我曾经见到过刚刚诞生的小耶稣。”

听到这个消息，塞尔吉大为震惊，他双手捂着嘴巴，等着海菲继续往下说。

“我曾是柏萨罗大商队的一名骆驼僮仆，但我却渴望成为一名推销员。于是柏萨罗便向我发起了一个挑战，他拿出了一件无缝红色长袍给我，并对我说，假如我能前往伯利恒将它卖掉，他就将我从骆驼僮仆升为推销员。我在伯利恒度过了艰难的三天，为了将这件无缝红袍卖出去，我不知尝试了多少次，最终还是失败了。就在第三天的晚上，我在小旅店里吃了点面包后，走向房子后面的一个山洞，准备去牵我的驴子。夜里很冷，我决定就在驴子旁边的干草上睡一夜，而不是连夜赶到山里去。等我好好休息了一夜之后，第二天我便能铆足劲去推销那件长衣，我相信我最终会成功的。但当我走进山洞时，我看见一对年轻的男女围着一支蜡烛坐着，他们的脚边放着一个平时用来装饲料的马槽，就在那个马槽里，有一个小婴儿睡在一堆干草上，婴儿的身上只盖着他父母破烂的斗篷，除此之外几乎没有任何别的东西为他抵御山洞里的寒冷。”

“你做了什么？”

海菲将双手紧握在一起，深深地吸了一口气：“我的内心痛苦地挣扎了几分钟，想象着我在既没有了长袍又没有换到金币的情况下回到商队后所有可怕的后果，最后，我仍从驴子的背上将长袍取下来，把破烂斗篷递回给那对震惊的父母，小心翼翼地将这件长袍包裹在婴儿的身上。塞尔吉，你知道吗？那是差不多五十年以前的事了，但我仍清楚记得那位可爱的年轻妈妈，她感激而泣地走过来亲吻我的面颊。”

海菲站起身来，将双手背在身后，来回踱步，他的三位听众则继续仔细地倾听着。“我伤心地骑着驴子回篷车商队，我的任务失败了，我很明白我以后是要铲一辈子的骆驼粪了。我饱受挫折地低着头，根本没有留意到有一颗明亮的星星，在我的头顶上一路跟着我从伯利恒回到商队扎营的地方。但是，我的主人柏萨罗却注意到了。虽然时间已经很晚了，他仍站在我们那排营帐外等着我。他指着明亮的天空，问我曾经参与了什么不可思议的大事。我告诉他什么也没有，但他却认为那颗明星是来自上帝的一个特别的启示，于是便将那十卷注定给它的主人带来比任何人都多的幸福和财富的羊皮卷传给了我。我就是运用了那十卷羊皮卷，才在这一生享有了无上的幸福。另外，柏萨罗还吩咐我，不准将羊皮卷的内容告诉任何人，直到羊皮卷的下一个继承人来找我。他说，将来有一天，羊皮卷的下一个继承人会出现在我面前，并且会给我一个特别的暗示，尽管可能连那个人自己都没有意识到他在向我展示一个特别的暗号。”

塞尔吉微笑道：“那个继承你那些羊皮卷的人竟是保罗？”

“是的，在我解散了我的贸易帝国之后的第三年，他终于出现了。那时，我几乎已经绝望了，我以为永远也没办法将羊皮卷传下去了呢。”

“你怎么知道那个继承卷轴的人就是保罗？那个特别的启示是什么？”

“在他的背囊里，有一件红色的无缝长袍，他说那是耶稣的心爱之物，他一生都穿着它。长袍上有一些深色的血迹，是耶稣被钉在十字架以前，受鞭打苦刑时染上去的。令我惊讶的是，在长袍的边缘，我发现了一个熟悉的标志，是替柏萨罗制造长袍的制造商的标志，同时，我也发现了柏萨罗的标志——正方形里有一个圆圈。我仍不敢确定我手上这件长袍就是我送出去的那一件，我问保罗是否知道耶稣出生时的情形。他告诉我耶稣是诞生在伯利恒的一个马厩里，当时在马厩的上空，闪烁着一颗世人从未见过的最亮的明星。于是我知道，保罗的这件长袍正是我在那个宿命之夜包裹在小耶稣身上的那件，这就是我所得到的暗示。当我和保罗会面时，伊拉玛一直在场，他到我宫殿的塔楼里将藏在那儿的羊皮卷取来，我们便连同我们的爱心，将它交给了保罗。”

“那些卷轴上的智慧一定非常强大，”塞尔吉说，“我的代表们报告说，保罗在彼西底、利哥尼亚、别加、安提阿、以哥念、路司得等城市都取得了巨大的成功。”

“我一点也不惊讶。”海菲回答说。

塞尔吉将杯中的酒一饮而尽，然后问道：“你演说的下一站在哪里？”

“目前为止还没有计划，我们三人明天将返回大马士革，过几天，我们会再聚在一起，探讨这整个演说之旅的得失，然后再决定我是否要继续站在讲台上，为使人们能过上更好的生活而努力。”

“如果我给你一个足够有力的理由，你肯不肯在拿撒勒再多待一天？”

海菲望着这位朋友布满皱纹的脸庞，然后点了点头。

老总督握住海菲的双手，说道：“伟大的推销员，明天你将会再一次见到那个女人，她在很多很多年以前，曾在那个马厩里，亲吻过一个骆驼僮仆的面颊！”

第三十四章

拿撒勒唯一的一口水井位于市中心主干道旁一个开阔的空地中间。次日清晨，这对老朋友便相会在这口井边，空气中弥漫着沙尘和嘶哑的喊叫声、笑声和哭声，一长队妇女和儿童在井边排成长龙，等待着担水。

海菲兴致勃勃地看着，一个巨大的篷车商队在供水处附近停下来，几名骆驼僮仆来来回回地装水，直到让他们的牲口都喝足了。

塞尔吉轻轻地推了推他的朋友："当你在柏萨罗的商队打工的时候，干的就是这些杂务吗？"

"骆驼僮仆要干的活多了，这是我最愉快的职责之一。"海菲微笑着说。那群带着臭味的牲口顺着狭窄的鹅卵石街道摇摇晃晃地走了。

他们俩耐心地等着，直到井边终于出现了一个空位，在他们把手伸进清凉的水中捧水喝之前，塞尔吉虔敬地说："曾经，耶稣和他的母亲每天都会来这里。"

这是一口供人畜共用的井，这样一口既普通又肮脏的井，他的老友却看得那么神圣，海菲同情地微笑着，开玩笑地回应道："他还曾走在这些鹅卵石，他还曾呼吸过这些空气，他还曾在这些田野里玩耍。"然而塞尔吉却并未以笑相迎。

"是的，"总督轻轻地说，"他在这里生活了将近三十年，拿着锯子、锤子和刨子，在他父亲的木匠店工作。我已经从这个村的村民那里买了一些家具，他们告诉我说，这些家具是耶稣亲手做的。等我回到塞浦路斯后，我会专门准备一间特别的房间来存放它们。"

他们一路走着，几乎到了开阔的乡间，直到塞尔吉停下脚步，指着一幢几乎被藏起来的方形石灰岩小房子，两棵石榴树矗立在房子的前面。"耶稣的大半生都居住在这里，他的木匠店不过是后面的一个小房间而已。"

塞尔吉顺着布满杂草的小径，步履匆匆地来到小屋前，大门的油漆早已脱落，需要重新粉刷了。海菲说："也许我们不应该来打扰这位老妇人。"

总督拍了拍海菲的手臂："没事的，在过去的一周里，我拜访过她好几次了，我们已经成了好朋友。今天清早，我曾请人捎信给她，告诉她我今天要带你来。"

海菲深深吸了一口气："你让她想起很久以前在伯利恒马厩里的相遇了？"

"喔，没有，那就没有意思了，我只跟她说我要带一个老朋友来，你的出现不会让她心烦的。她告诉我，她已经习惯了陌生人，他们多半是好意，他们想和耶稣的母亲见见面、说说话。"

"她一个人住吗？"

"是的，她寡居多年，她的孩子要么死了，要么活在别的地方。她还有一个儿子，名叫雅各，经常来看她，虽然他很忙，因为他是耶路撒冷一个新教会的领袖。"

塞尔吉敲了敲门，门便悄悄地打开了，那门的铰链是用旧皮革编织成的。

"愿你平安，亲爱的女士。"塞尔吉说着。他轻轻地握住老妇人伸出的手，轻轻地放在自己的嘴唇上。

"你也是，塞尔吉。"她回应着。当塞尔吉向她介绍海菲时，她亲切地对海菲笑了笑。她为他们端来了几大杯羊奶和一些奶酪，在他们谈论许多关于村里的事情时，她把一大盘石榴和无花果放在了他们够得着的地方。

"你昨天晚上在旅店里演讲了？"她将头转向海菲问道。

"是的，但我感觉很失败。"

“你怎么知道呢？”

“因为听众都没有什么反应。如果不是塞尔吉带头鼓掌的话，我估计连一声掌声都没有。”

玛利亚微微一笑：“至少他们没有威胁到你的生命。耶稣只在拿撒勒的会堂里说过一次话，因为在旷野里冥想了四十天之后，他正试图决定该走什么路。结果他的话激怒了众人，在那个安息日的早晨，人们把他抓走，领他上了最高的悬崖，但在他们还没来得及把他推下悬崖，他就趁机逃走了。”

“我竟不知道这回事，”塞尔吉高喊道，“这些人都是和他一起长大、一起玩、一起上学的人吗？”

“是的，”玛利亚说，“他们大多数人都无法忍受，为什么他们的朋友和邻居，一个木匠的儿子，突然间说起话来好像上帝赋予了他特殊的权力似的。对他们来说，这是亵渎神的行为，根据我们的法律，这是可以判处死刑的。”

“那是他第一次公开演讲？”

“是的……那天早上的大部分时间里，我真以为那是他的最后一次演讲了。”

塞尔吉转向海菲说：“这些故事必须保存下来，但据我所知，时至今日还没有人把它们写下来，真是可悲！”

总督说完就继续把话题和视线转回到玛利亚，海菲不可思议地看着塞尔吉，这位罗马帝国中最有权势的官员之一，竟用如此温柔的口气对这位老妇人讲话，这份恭敬海菲以前是从来没有见到过的。

“耶稣是如何处理这次可怕的遭遇的呢？”

“他把这件事全抛在了脑后，在第二个安息日，他又在附近的迦百农会堂里传道，那里的人们很热情地欢迎他。后来，当我们谈到他在这里的可怕经历时，我记得他只是微笑着说，他早就应该知道，在自己的国家里，没有一个先知会享受到任何荣耀。”

塞尔吉仰着头闭上了眼睛：“这些故事必须写下来，必须写下来！”

海菲等玛利亚将他的杯子加满清凉的羊奶后，说道：“我对耶稣所知甚少，但我知道，他从未到过巴勒斯坦以外的地方去传道，作为他的母亲，您一定有很多机会听儿子讲道吧！”

玛利亚点点头：“一开始，当他在积累追随者、教导使徒时，我经常听到他的话，但是当议会和罗马总督开始派特工监视我儿子的行动和言论时，他坚持让我回来，留在这里，以免受到伤害。每当他和他的门徒经过拿撒勒时，他都会坐下来握住我的手，让我为即将发生的事做好心理准备。”

玛利亚咬着她的下唇，别过头去。塞尔吉望了一眼海菲，点了点头。现在是时候了，总督向前一靠，轻轻地把手放在玛利亚的背上。

“受祝福的女士，我有一件特别的事要告诉您。”

“是什么？塞尔吉。”

“我的这位老朋友海菲今天陪我来这儿，是因为他很想再见到您。”

“再见到我？”玛利亚皱起眉头，偏着头想着，“从他一走进这个大门，我就确定我曾经见过他，但你们什么也没说，我就以为是我年纪大了，弄错了。伟大的推销员，我们以前见过吗？”

“只有一次，许多年前，玛利亚。”

耶稣的母亲把披肩拉下来，绕着脖子，靠在桌子上，面朝海菲，海菲一言不发，也朝玛利亚靠了过去。玛利亚伸出了双手，捧住海菲的双颊，她用手指抚摸着他的脸颊问道：“是不是在这些胡子长出来以前？”

“比那还要早。”

玛利亚的右手拇指轻柔地抚摸着海菲下巴上的深深凹痕，她凝视着他那双此时已经湿润的深褐色眼睛。突然，她转向塞尔吉，半张着嘴，眼泪顺着她布满皱纹的脸颊流了下来，她用手抚摸着这位伟大的推销员的脸。

“我认识他，”她抽泣着说，“从他走进门的那一刻，我就感觉和他早已相识，我认识他，塞尔吉，这又是一个奇迹！”

“那么他是谁呢？”塞尔吉亲切地笑了笑。

玛利亚把海菲的脸拉得更近些，吻了吻他：“他是我骑着驴子的小天使，在伯利恒潮湿的马厩里，在耶稣出生的几个小时后，他从暮色中出现，用温暖的红色长袍包裹住我的孩子，然后骑着驴子消失在夜色中，而我却连感谢他的机会都没有。”

海菲摸着自己的脸颊，轻柔地说：“你道谢过了。你当时亲吻了我，就像现在一样，而我的一生就在那天晚上发生了变化。”

“现在，也许你的一生又会发生变化了。”她站起来，走到房间不远处的一只大箱子前，从箱子里拿出一个皮袋，回到桌子前，把袋子放在海菲的怀里，说道：“这是你的，宝贝，耶稣一定会希望你拥有它。”

塞尔吉静静地在他朋友的椅子旁跪下，海菲慢慢地从袋子里取出了耶稣最喜欢的红色长袍。他又一次强忍住泪水，用手轻轻地抚摸着柔软的红色布料。“我上次看到这件长袍是由保罗保管的。他告诉我，在耶路撒冷，经过一番苦苦的寻找，才找到了在耶稣被钉死在十字架后，那个掷骰子获胜的罗马士兵。”

玛利亚点了点头：“几年前，保罗将这件长袍还给了我。那上面原来有一些血迹，是在他们处死他前鞭打他时留下的。我不忍看到这些，便用碱水将它浸泡了几个小时。”

海菲依然抚摸着那件衣服：“多么精湛的工艺啊！你看，辗转了五十多年，颜色一点都没变，织物也只是磨损了一点点，真是太令人惊讶了！”

“耶稣在什么场合都披着它，特别是当他在人群面前出现的时候。他说，在祈祷的同时，他觉得肩上的那件长袍给了他处理任何情况所需要的一切信心。也许这对你也有同样的作用，你不是说昨晚人们对你的话没有什么反应吗？”

海菲折好长袍递给玛利亚：“我不能接受这件无价之宝，它应该在一个伟大的礼拜场所展出，让全世界都看到。绝对不要在我不配的肩膀上受辱没。”

“求求你，”玛利亚将她的小手放在海菲的手上，“拿着它……穿上它。当耶稣还是个孩子的时候，我经常告诉他，在他出生后不久，有一个小男孩来看望他，把这件长袍送给他，让他暖和起来。这是我知道的最好的方法，让他懂得爱的真谛——拿出一切来帮助别人，却不考虑任何回报。他这一课学得很好，这多亏了你。伟大的推销员，难道你也认为，经过这么多年的时光，你和这件长袍终于重聚在一起，仅仅是一个巧合？你若要让我这个老太太高兴，就将它收下吧。我儿子还有许多其他的财产陪伴我，还有多年爱的回忆，而这件长袍终于归还给了它真正的主人。”

“我永远不会忘记这一天。”海菲捧着这件红色的长袍，把它轻轻地贴在自己湿润的脸颊上，抽泣着。

第三十五章

从玛利亚家离开以后，他们两人都不发一言，陷入深深的沉思中，直到他们走上了大马路后，塞尔吉才停了下来，转身对他的朋友说：

“今天我非常感谢你的陪伴。”

“别再说了，”这位伟大的推销员一边说，一边举起了装着耶稣长袍的皮袋，“我的心也充满了感激。”

“你累了吗？”

海菲摇了摇头。

“他们是不是正在你那豪华的篷车里等着你？”

“没有，我告诉伊拉玛我可能要出来一整天，他和盖勒纳斯现在可能正忙着筹划，以便我们接下来的工作能够顺利进行下去。”

塞尔吉转过身去，指着马路右边一座陡峻的山丘说：

“他们告诉我，这是拿撒勒最高的一座山，你看到最顶上的那棵巨大的无花果树了吗？”

海菲用双手遮住刺眼的阳光：“看到了。”

“如果我助你一臂之力，你认为你这把老骨头能爬上去吗？”

“罗马人的傲慢从来没有真正消失过，你说是不是？”海菲喃喃地说，“如果你能做到这一点，我肯定我也能做到……而且不需要任何帮助。但是，为什么我要挣扎着穿过荆棘和松散的石头，坐在一棵可怜的无花果树下，我在大马士革有成片的无花果树，无论是早熟的还是晚熟的品种。”

塞尔吉咧嘴笑着说：“我的大商人，你可能没有这一个品种哦。昨天，在我拜访过玛利亚之后，她一路陪着我回到井边，当我们经过这里的时候，她抬头望着那棵孤零零的无花果树，告诉我说，耶稣从很小的时候就对这棵树情有独钟，每当他想一个人独处的时候，他就会爬到那上面去。你看，在我们右手边，有一条小径可以通达山顶。我本来昨天就想上去的，但我和玛利亚分别时，太阳已经落山了，而且，我也不想错过你的演讲。你现在愿意和我一起爬上去吗？那顶峰的景色绝对值得你走一趟。”

“带路！”海菲一边说着，一边把皮袋搭在肩上，跟在塞尔吉后面。当他们到达山顶时，两人都已是气喘吁吁、满身大汗了。山顶上除了那棵孤立的无花果树以外，没有什么植物，只有一些苔藓覆盖在灰色的岩石斜坡上。海菲先将他的皮袋靠在树干上，然后疲惫地坐在塞尔吉身旁的平滑岩石上。

放眼望去，他们的脚下就是拿撒勒村，村中零星散布着白色石灰岩建造的房舍、绿色的草地，还有深褐色的庭院。一条狭窄的马路刚好将这座村子分隔成两半，向南通向耶路撒冷，向北通往大马士革。当塞尔吉遥指在水井边缓缓移动的小人给海菲看时，海菲微笑地点了点头。

向西望去是迦密山，越过迦密山，他们可以看到从地中海升起的雾气。他们俩慢慢地转过身子，向四方远眺，他们半张着嘴，敬畏地凝视广阔的埃斯德雷隆平原、他泊山、撒玛利亚的黑山和朦胧的基利群山。东边是闪闪发光的加利利海，遥远的南边则是绿色的约旦河谷，河谷似乎在他们眼前变了颜色，闪烁着明亮的银光。风呼啸地吹着古老无花果树的巨大叶子，无花果树为他们奏响了动人的清曲，一只孤独的鹰在他们头顶伸展双翅，缓缓地翱翔在蔚蓝无云的天空。

海菲首先打破山上这份奇异的寂静，但他讲话的速度非常缓慢，仿佛是在昏迷的梦呓之中："活了这么多年，我确信我以前从来没有到过如此高的地方，看到这么多景物在我脚下，世界如此缤纷多彩。我明白了为什么耶稣经常来这里，因为站在这个地方可将所有的忧虑都留在那下面。”他指着下面的村庄说：“如果真有所谓的上帝，我想，在这么高的地方和他联络起来一定方便多了。”

塞尔吉指着遥远的北方，庄严的黑门山耸立在地平线上，山顶还覆盖着皑皑的白雪，与此地的距离约两天的路程，“上帝曾有一次对耶稣说话，就是在那座高山上。”

“黑门山上吗？你有证据吗？”

“他的三位最虔诚的使徒都是见证人。”

“上帝说了什么？”

“‘这是我的爱子，你们要听从他。’”

“就这些？”

“这就是所有的话。”塞尔吉微笑地说。

“你相信他们三个人的报告吗？我最要好的朋友。”

“他们的话足够让我到那山上去。在他们三个宣称听到上帝说话的地方的附近，我找到了一块合适的土地，盖了一座小房子。我找了看门人终年看守在那里，并储藏了足够的食物，每年夏天我至少在那里待两个星期。好几次，我都想请你们一起分享那种特别的平静和安宁。但是我知道自从失去丽莎后，你就一直处于隐居的状态，不希望被外界打扰。如果现在你肯接受我的邀请,那将是我莫大的荣幸。把伊拉玛一起带来，那是一个神圣的僻静之处，在那有福之地，你想住多久都可以，只要你愿意，只要你愿意就行。在我们分别之前，我会给你画一张地图，这样你就可以很容易找到我的住处了。从你在大马士革的宫殿出发不到一天的路程。”

“在那高处，神也曾对你说过话吗？”

“没有，但当我待在那儿的时候，整个时间里我都会和他说话。”

海菲叹了口气，摇了摇头，把耶稣的长袍高高地举过头顶，说道:“塞尔吉，你对上帝的信仰如此坚定不移，这件长袍实在应该归你所有，绝不应该属于我。”

“噢，不，”塞尔吉举起双手回答说，“耶稣的母亲非常清楚她在做什么。长袍在你的手中，这是上帝的旨意。”

海菲站起身来，将双手叉在腰间，望着黑门山:“如果上帝要对我说话，塞尔吉，你觉得他会怎么评价我这把年纪还愚蠢地开始新事业的行为呢？”

塞尔吉的双手紧紧地握在一起，他闭上双眼，低下头。过了一会儿，他抬起头来看着海菲，当他说话时，他的声音比平常更具有一种深沉的磁性。

“我绝不会冒昧地为上帝说话，伟大的推销员，但我想他首先会祝贺你决定把自己从一个活死人的状态中拯救出来，将你的余生用在帮助别人上——通过分享你成功的经验和失败的教训，给人以圣明的忠告，这是最值得称赞的，然而……”

海菲转过身来，低头望着他的朋友，等待他继续说下去。

“然而，虽然你昨天晚上的演讲非常出色，但我认为它还需要更多的东西。对于很多来听你讲话的人来说，你的名声和巨大的财富通常是众所周知的，尽管他们可能会为你的出席和演讲所镇服，但很有可能他们是用一种封闭的头脑来听你的演讲……他们的成见告诉他们，他们永远永远都无法企及你所成就的高度。你如何消除他们的成见，将他们的心扉打开？只有让他们意识到你卑微的背景、年轻时的挣扎和克服的障碍。这样你才能让他们敞开心扉。”

“我该用什么方法来让他们知道这一切呢？”

“用最有力的语言来作画，将这些景象描绘在他们的脑海中，让他们永远都不会忘记。让他们闻到你铲掉的骆驼粪的味道，让他们看到你心碎的眼泪，让他们为你在努力建设更美好生活时所遭受的失败而痛苦。

让他们在听完你的演讲离去时心中这样想，‘如果海菲那样卑微的出身，都能取得那么大的成就，那么我比起当年的他强多了，为什么我却只会为自己的处境感到难过呢？’我想你没有在你的演讲中提到你早年的心痛和挣扎，海菲，在你的听众面前，你显得是一个皇室贵族，叼着金勺子出生，一生下来就坐拥了庞大的财富和成功。你说一个每天拼命挣扎只为求得一顿饱饭的商贩或者农民，若是完全没有意识到你曾和他有着同样的困境，他又怎么会接受你的信息，作为改变他一生的指南呢？”

“塞尔吉，你的建议非常好，我今后会注意这一点，还有什么吗？”

塞尔吉欲言又止。

“拜托，”海菲鼓励道，“我们就像兄弟一样亲密，请你好好想想，帮帮我。”

“你的金库里还有充足的黄金吗？”

“远远超出了我和伊拉玛的需要，而且，我们每天都在大马士革为许多人提供食物和衣服。”

“正如我所料。海菲，自古流传一句名谚：‘授人以鱼不如授人以渔。’”

海菲跪在塞尔吉旁边，抓住他的胳膊说：“我不确定我是否明白这句智慧之语和我之间的关系。”

“就像其他的演说家一样，你的每场演说都向听众收取入场费，所以那些最需要你的信息的人是没有机会听到你的演讲的，因为他们太穷了，买不起入场券，他们其实就是那些现在正在接受你衣食捐赠的穷苦人。你何不改变个方式，让你的活动主办人盖勒纳斯领取固定薪水，而不再是抽取佣金。然后让他带着足够的经费，到世界各地去为你租借最大最好的演讲场所，并让他在各大城市高薪招募当地的老百姓，让他们四处传播世界上最伟大的推销员在什么时候会来演讲，并宣布入场是免费的。”

“免费？那将会有许多人只是为了娱乐和消磨时间而来，而不是想着学习如何改善自己的生活。”

“你是对的，毫无疑问。许多有智慧的人坚持认为，除非一个人为了某事付出代价或努力工作，否则他永远不会真正体会出这些东西的价值。然而，想象一下，如果你了解到人群中至少有一个可怜的骆驼男孩或街头顽童因为听了你的演讲而开始改变，从此走上了积极进取之路，那将会多么令你满足呢？我知道你有多想让世界变得更好，但你必须记住一件事—— 一个简单的事实。”

“那是什么？”

“你想要的只能一个一个去实现。教会了一个是一个，这是你达成心愿的唯一办法。”

海菲倾身向前，拥抱他心爱的朋友：“谢谢你，如果上帝亲自开口说话，也不会说得比这更好了。”

第三十六章

在罗马市中心附近的一片开阔草地上，停着十二辆篷车，每辆篷车上都分别用拉丁文、希腊文和希伯来文大大地写着“成功篷车队”这几个金红色的字。在马车周围许多帐篷中最大一个的帐篷里，海菲举起酒杯，向伊拉玛和盖勒纳斯走去。“为我们最大的胜利干杯。”他自豪地说。

“的确，这是一个值得纪念的夜晚。”伊拉玛感叹道。

在奥古斯都大帝后来重建的宏伟庞贝剧场里，环绕在讲台周围和过道旁的两百多支火把，将整个剧院照得通明。在这里，海菲向创纪录的一万八千名热心的罗马市民传递了他的灵感。

自多年前他从拿撒勒回来后，每次发表演讲时，他都会穿上耶稣那件红色的长袍。今天晚上，将近一个小时的演讲结束后，他依然是穿着那件长袍满心欢喜地接受听众们的热烈掌声。

这位伟大的推销员喝了一口酒，说："盖勒纳斯，我将永远感激你说服我在晚上发表这些演讲，而不是像其他人一样在中午演讲。我们最想接触的是城市里穷苦的工人和小商人，他们除了晚上，其他时间都不可能抽身前来。很多人都说，在他们这一生当中，从来没有机会听一位演讲者讲话。"

"老爷，您今天晚上真是棒极了，"盖勒纳斯回答道，"而且您将这门语言掌握得就像自己是个本地人一般。"

"谢谢，我唯一的遗憾是塞尔吉没来参加。他现已退休回到罗马了，我一直期待着在这个凯旋的夜晚，他能和我们在一起；然而，我只能祈祷他早日从病痛中恢复过来。我会发信通知他，告诉他我们取得了巨大的成功，他会非常高兴的。如果不是十五年前他在我灰心失意的时候给了我极具智慧的忠告和鼓励，我可能在很久以前就去和我心爱的丽莎团聚了。"

盖勒纳斯点了点头："我记得我们以前只有一辆车，现在我们篷车队的阵容差不多已经可以和您当初贸易事业最兴旺的时期相比了。除了篷车之外，我们还有十六匹骆驼、十六名车夫、八名带武器的护卫和他们的坐骑、两名厨师、十几名帮手和四十多匹马，这些马把我们从一个城市载送至另一个城市。

“我们还包租了一支十艘船的船队，承载着我们所有人、各种装备，以及我们的骆驼，从上一站雅典，到这一站罗马。老爷，我们已经把您的信息毫无保留地带给亚历山大、孟斐斯、耶路撒冷、巴比伦、巴格达、尼尼微、阿勒颇、埃德萨、安提阿、以弗所、士麦那、斯巴达、阿特恩斯，以及数百座小城市。现在，我们来到了世界之都——罗马。当我听到人们对您的话的反应时，我知道您触动了成千上万的人。”

伊拉玛说：“是啊，从主人和塞尔吉在拿撒勒相遇，至今已经过去十五年了。”

“我不认为那是偶然的相遇，”海菲说，“对我来说，这只是上帝又一次与我对弈，就像他在我一生中经常做的那样。我不得不承认，他偶尔会介入我们的生活中，制造一些事情，然后，他就等在那儿看我们如何应付这一步棋。有些人的反应会使他们的未来更为充实美好，有些人则会以愤怒或绝望来还击，更有一些人连一点反应都没有，他们简直就是活死人。我们当中有很多人，整天都在抱怨，从来不想改变自己的生活。

“这就是为什么我要花那么多的心血去教导那些穷苦的人、那些被压迫的人、那些软弱的人和那些残疾的人，教导他们如何处理他们所面对的每一步棋。我总是提醒这些挣扎的人们，当上帝给我们挑战并惩罚我们的时候，他是希望我们统统都能成为赢家。我正试图教他们如何获胜，而我最欣慰的莫过于在几年后回到一个城市，听到曾有人听了我的话，并把它们放在心上，最终取得了成功的故事。”

“而现在，”伊拉玛迟疑地说，“我们是站在罗马土地上的陌生人，他们的皇帝真的认为他是一个控制着他所有臣民生命的神。我们可以肯定今晚我们的听众中有间谍，监听着您的演讲，以确定您的言语是否有煽动群众的危险。就像耶稣的一些信徒，只因为唱了某首歌，就被抓去问罪，尼禄甚至将去年的罗马大火也怪在他们头上，那些没被抓去处死的，到现在还躲在地下墓穴里，我感觉他们为信仰付出的代价太可怕了。”

“我想知道，”海菲微笑着说，“如果尼禄知道我演讲时所穿的长袍是耶稣的，会有什么反应？”

“老爷，请您小心，”伊拉玛轻声请求道，“这是我们之间的秘密。”

营帐外站岗的护卫将身子探进帐篷里，通报海菲有客人来访。

“请他进来！”海菲一边喝着葡萄酒，一边说道。

他们的客人身穿深蓝色的长袍，腰间系着一根粗绳，绳子一直拖到地上。他棕色的长发夹杂着灰色条纹，被太阳晒黑的脸上刻着深深的皱纹，说话时声音友好而有力。“愿主赐给你们圣宠和平安，我的名字叫路加，我来是替塔苏斯的保罗给他的老朋友——世界上最伟大的推销员带信。”

海菲跳了起来：“保罗在这里？保罗在罗马？”

“他现在是监狱里的囚犯，正在等候审判。”

“那是不可能的，”海菲抗议道，“他最近的一封信还载有一个好消息，说他在凯撒利亚和罗马被囚禁了四年，最终因缺乏证据而被释放了。”

“他又被捕了，这一次他们声称会有证人作证，说听见保罗说耶稣是王。根据罗马法律，承认除恺撒以外的任何其他权威，都是一种可判处死刑的罪行。”

“我能做些什么吗？”海菲问道，“请告诉我。”

“自从这次被捕后，保罗似乎失去了求生的意志，他的大部分朋友和追随者都抛弃了他，而现在他只是坐在牢房里，很少说话，只吃点面包屑。我一直担心他的健康，直到今天早上，我对他说大道旁飘扬着你的宣传旗帜，说你要在庞贝剧场演讲。他一听到你的名字，马上就变回我所熟悉的他。了不起的推销员，他要我送来他对你的爱，他欢迎你到罗马来，并且恳请你去牢里看他，因为我们不知道保罗什么时候会被审判，我希望你能尽快见到他。”

“我随时都可以去，”海菲毫不犹豫地说，“你什么时候能带我去？”

“在那个令人讨厌的黑暗牢房里，分不清昼夜，那里的官长们信任我，如果你不太累的话，我们现在就可以去。”

伊拉玛对路加皱起眉头说：“主人经常忘记，他已经将近七十五岁了。今晚的演讲已经耗尽了他的大部分精力，他应该躺在床上休息了。”

“不，”海菲说，“只要是上帝的人在召唤我，我永远都不会太累，路加，带路吧！”

当他们离开时，海菲走到帐篷中心柱子旁的衣柜前停了下来，伸手把耶稣的长袍拿出来，穿在身上。“也许让他再看一眼这件特别而有福的衣服，”他对路加解释说，“保罗的精神会像往常一样振奋起来。”

昏暗阴郁的监狱建在离尼禄的皇宫不远的一座小山上，专门关押犯叛国罪的重大罪犯，由一群退伍军人组成的特殊队伍守卫，没有人能从牢房里逃出来。路加一进门就被一位官长认了出来，在短暂的等待后，海菲和路加被带下陡峭的石阶。石板地面又湿又潮，阴冷的空气中充斥着阵阵寒意，他们俩跟着一位高个子守卫，穿过一条老鼠横行的走廊，来到一间牢房门口。守卫将钥匙放进门锁。“我必须把你们两个也一起锁在里面，”他说，“但不要担心，你们准备离开的时候，只要叫一声，我就会过来。”

他将门打开，让他们俩进入那间阴暗的牢房中，然后再将门关上，铁条的碰撞声响彻了整个地窖。

“路加？”黑暗中传来嘶哑的声音，“路加，是你吗？”

“是的，保罗，我带了个朋友来！”

这位伟大的推销员的眼睛渐渐适应了牢房内阴暗的光线，他感到有人将手放在他的手臂上，然后，保罗黑乎乎的面孔方才渐渐映入了他的眼帘。

“海菲，”瘦小的保罗抽泣着，“是你吗？真的是你吗？我的好朋友。我的大恩人！很久以前，你将羊皮卷送给我，拯救了我的生命，使我能够把我主的福音传播给全世界！很多次我都想去大马士革找你，但我的朋友们总是警告我说，你过着隐居的生活，不想见任何人。我虽常写信给你，但永远也传达不了我对你的感激之情。没想到我们会在这种情况下相见，但我仍要感谢上帝，你终究还是来了。我很高兴，这些年来你一直过得很好。”

现在，海菲可以清楚地看到保罗瘦削的脸，在浓密的眉毛下有一双大眼睛，宽阔的额头上布满伤疤。蓬乱的头发散落在他瘦弱的脸颊上，他破烂的腰布对御寒几乎没有任何作用。保罗紧紧地抓住海菲，就像一个孩子在饱受惊吓之后再次回到父母的身边一样。最后，路加指着一张窄小的、未涂油漆的桌子，“来吧，”他说，“让我们坐下来谈谈。”

保罗在回答两位客人的几个问题时，长篇大论地讲述了他当年在通往大马士革的路上所见的异光，以及他的人生如何有了完全的改变。他回忆起他对海菲的拜访、他遍及世界各大城市的传教之旅、他的上一次牢狱之灾、他在马耳他岛上几乎致命的沉船事故，以及他不断地向外邦扩张的传教事业，而他的资源只是几个帮手和很少的资金。他的声音变得越来越有力量，说着说着，他害羞地笑了，他突然意识到全是他一个人在说。“原谅我，亲爱的朋友。我在这里待得太久了。任何一个好的传教士，给了他听众，无论人多人少，都会滔滔不绝地讲个没完没了。伟大的推销员，你说对吗？”

海菲微笑着耸了耸肩：“我不知道，因为我不是传教士。”

“哈哈！”保罗大声笑道，并转向路加说，“你瞧瞧这个人说的。海菲，不管你是否意识到了，你我其实在同一个行业里，我们都在为将人们从精神炼狱中拯救出来而奋斗，你想要把他们从中拯救出来的那个地狱就是这里……是现在，而我要保护他们不致陷入的那个地狱则是明天……是永远。我们都在努力说服那些愿意聆听的人，一个人无论是想居住在现世的天堂，还是永生的天堂，爱与关怀、慈善与勤奋等品质都是必须的。

“我从来没有听过你著名的演说，但我的朋友们曾告诉过我，你所宣扬的美好生活的原则，就像摩西、所罗门、以赛亚和耶稣宣扬的一样，简单而易行，实行起来也很容易实现。我听说你的话似乎是从你的心灵中泉涌出来的，这是一份伟大的礼物，海菲，我只为你不在我们的阵营而感到遗憾。”他抚摸着海菲身上的红色长袍，“只是，”他微笑着说，“也许你根本就没有意识到这一点。”

海菲的腿冻得麻木了，他站了起来，在牢房里来回踱步：“我在很久很久以前传给你的那些羊皮卷，它们的近况如何？”

“我所有的财产都丢在那艘船上了。近三十年来，我总是随身带着它们，即使在大监牢里也不例外，但是，海洋却极力夺走了它们。不过，那十卷羊皮卷，早已像是我身体的一部分，我能将每一卷内容逐字逐句地背出来。这些卷轴每天引导我走正确的道路，且已挽救我生命无数次。”

海菲闭着眼睛，向后一个踉跄，好像遭人击了一拳似的。他背对着他的两位朋友，疲惫地将头靠在铁栅栏上休息，最后他轻声地说：“那些珍贵的羊皮卷充满了力量和生命，让我在下意识中总是理所当然地认为它们是不朽的，就算它们在去年被损毁了，我估计它们也已经有一百多年的历史了。保罗，告诉我，你是不是都照着我说的，随时随地只要一有机会就将这些羊皮卷上的智慧分享给别人，使那些活着的死人从死亡中真正复活，享受充满幸福、成就和爱的新生活？”

“伟大的推销员，就像我那时答应你的，我不论走到哪里，都会将它传播给别人。每当我在传道时，我都会同时将羊皮卷上的原则也教给他们，如此一来，他或她就能更好地把真理传达给其他人。尤其是在过去的十年里，有几百本羊皮卷手抄本，也许是几千本，在世界各地传阅，从耶路撒冷到罗马，无论是用纸莎草纸还是羊皮纸。”

海菲伸出双手，抚摸着保罗的乱发：“伟大的使者，你所多走的路，已远超过那一里路，人们应该在金宫银殿之中向你致敬，而不是把你安置在这个卑劣的老鼠窝里。我的心里很沉重，我觉得我是如此无能为力。接下来他们还要对你怎么样？”

保罗将双臂交叉放在他瘦削的裸胸上。他的声音很平静：“我恐怕是最后一天当牧师了，我已准备好了，我已经打了一场漂亮的战争，我相信我已完成我要走的路程。多年来，路加一直是我最信任的盟友和伙伴，几个月以前，我终于说服他，将他从我这里掌握到的东西抄写在羊皮纸上，如今这项漫长的任务几乎快要完成了。现在我有了一些希望，我所讲的道，总算有可能长留于人间了。你呢？海菲，你的成功原则和你的黄金思想，是否被记录下来，好让子孙后代继续受益于你伟大演讲的精髓？”

“不，还没有。”

“你一定要写下来……而且还要赶快，我们不知道何日何时上帝会召唤我们去与他团聚，如果你成功和快乐的秘密就此与你一起长眠地下，对这个世界来说，那真是呼天不应的一大憾事。请你向我保证，要把它写下来，而且赶快写下来。”

海菲勉强露出笑容，拍了拍保罗凹陷的脸颊说：“我保证。”

保罗点点头：“当你写的时候，请考虑使用与那十卷羊皮卷相同的形式，那十卷羊皮卷对我俩的一生都产生了如此巨大的影响，我怀疑在训练任何人走向成功方面，没有比在这些羊皮卷中使用的技巧更有效的了。再一次将这种写作方法和伟大的知识和见解结合在一起，肯定会在许多生命中产生奇迹。并且不要再等了，我求你了！”

狱卒此时已守候在狱门外，是离开的时候了。保罗先是拥抱路加，然后又走近海菲，海菲用双臂搂住了这位使徒虚弱而半裸的身体。

“愿主保佑你进入他神圣的国度，”保罗深吸了一口气说，“伟大的推销员，我感谢我所服侍的上帝，感谢他让你成为我生命中的一部分。”

狱卒将门打开后，路加走了出去，狱卒不耐烦地等着海菲。海菲在门口停住了脚步，转过身去，迅速地脱掉了他那红色的长袍，将它裹在了颤抖着的使徒身上。

“亲爱的朋友，不要着凉了，”海菲说，“我爱你。”

“我也爱你。永远爱你！”

第三十七章

伊拉玛向后倒退了一步，如同被人打了一拳："老爷，我这一对老耳朵是不是听错了？"

从海菲的声音可以听出他的疲惫："我已告诉你，那可怕的地牢里非常寒冷，而保罗身上的衣服又非常少，所以昨天晚上我就把我的长袍给他了。"

"但是这么多年来，您穿着耶稣那件又老又旧的衣服，至少发表过八百次演说。我曾多次听您讲起，感受到它在您的肩膀上，会振奋您的精神，让您充满信心。没有了它，您如何发挥？下次演讲之前能还回来吗？"

海菲闭上眼睛说："自从我得知保罗的日子不多了，我就再也不奢望看到这件长袍了。就连这个一生都在向艰难挑战的人，都承认自己大限不远了，让这件长袍给我们勇敢的朋友最后的日子带去安慰吧。"

“但是没有它您还能演说吗？”盖勒纳斯焦急地问。

“我知道你和伊拉玛都计划继续向北去比萨和热那亚，可能还会去高卢，但请你原谅我这个突然的决定，我的演讲生涯已经结束了，昨晚是我在站台上的最后一幕。”

伊拉玛向前靠近一步，直视着海菲的眼睛：“老爷，您病了吗？要不要我去请医生？”

“你难道忘记了，昨天晚上我是和路加在一起，他可是一个智慧且经验丰富的医生。不，伊拉玛，我的身体很好。但是，昨晚从监狱回来后，我一整晚都睡不着，保罗的话，他临别时对我说的话，沉重地压在我的心里，我的心也决定趁我身体还健康，听从他的忠告。”

“老爷，我不明白。”

“我们今晚要在塞尔吉的别墅和他们夫妇一同吃晚饭，对不对？”

“是的，昨天晚上您和路加去监狱之后，我们收到了邀请函，我们三个都被邀请了。”

“那么我请求你们再耐心地等待几个小时，今天晚上吃饭的时候，我会将我未来的计划告诉你们大家。”

这位退休总督的别墅，坐落在台伯河以西的山麓，虽不如他在塞浦路斯的官邸大，但却拥有一间宽敞的餐厅，这间房子早已成为罗马贵族们的最爱。它的墙上镶嵌着珍珠母贝，铺着丝绸的天花板上有数以百计的孔，每天那些空隙中都会被填上新鲜的切花。历代罗马皇帝的大理石雕像围绕在房间四周，房间的正中央则是一张巨大无比的青铜圆桌，桌上镶着黄金和象牙。

今天的晚餐只有四位客人，他们聚集在大圆桌的一端，分别坐在塞尔吉和与他结婚四十年的妻子柯妮莉亚的旁边。整个晚餐下来，柯妮莉亚总是带着微笑，但却很少说话。除了海菲、伊拉玛和盖勒纳斯三人外，另一位客人叫作塞内加，他是著名的诗人，同时也是评论家、律师、演说家。多年来，他是尼禄的导师、执政官，兼有实无名的首相，直到四年前才退休，住在附近的庄园里。几道菜上来，他都吃得很少，海菲对他呼吸的不顺畅表示关怀和同情，他回答说他患哮喘已经很多年了，现在他每吸入一口气，都好像是在练习咽下他最后的一口气。

海菲说：“先生，我曾读过你很多的作品，我很荣幸能和你共处一室。”

塞内加苍白的面颊变得红润：“谢谢你的夸赞，伟大的推销员，其实，我才真是要感谢总督给我这个机会见到你。几十年来，我对你的成就一直都很佩服，最初是在贸易领域，现在是在演讲领域，我从来没有想到我们的道路会相交。像你这样在两个不相关的职业中都达到成功的顶峰，真是一项罕见的壮举，为此我向你敬礼。昨晚，我出席了你鼓舞人心的演讲，并饶有兴趣地聆听了你所传达的讯息。关于什么是面对生活的最佳方式，我很赞同你的见解。”

“谢谢你。”

塞内加举起手点了点头：“当你在讲台上讲话时，大多数人都为你的谦逊喝彩，这也是我最钦佩你的一点。一开始你便承认，你只是这个无限宇宙中的一个渺小尘埃，所以你对我们生活的这个世界了解甚少，有待学习的地方还有很多。许多所谓的智者，都带着虚妄的自我膨胀，他们自以为是，从来不承认我们都只是无限永恒中的匆匆过客，你这样一位德高望重的人口中能发出这种自白，真是一种不同寻常的谦逊。”

“我只是实话实说罢了，”海菲回答道，“请告诉我，你真的不再参与任何罗马的事务了吗？”

塞内加轻声地笑着：“我做了很多年的努力，希望能将一头野兽教化成一个有人性的人，但我完全失败了。几年前，我把我的大部分财富转移给了尼禄，以换取他允许我离开政府。之后，我在静思中度过了几天，并尽可能多地把我的想法和结论写在羊皮纸上，否则等到那一天，我们那个疯狂的皇帝认为我这把老骨头也是他的眼中钉而置我于死地时，就来不及了。”

海菲举起酒杯："我们要向你学习的太多太多了，愿你再活五十年。"

"海菲，那你呢？"塞内加喝了口酒后问道，"你的巨大成功难道是虚构的吗？你从年轻时收到的特殊的羊皮卷中学到了很多成功的原则，这难道是虚构的吗？你是否正在安排将你的遗产传递给未来的孩子们，把你成功的智慧原则转录下来，并将其保存在卷轴上？虽然尼禄的剑并不像他对我那样悬在你的头上，但你必须意识到，你也在接近那不可避免的一天，你将用宝贵的空气做最后的喘息。"

海菲还没来得及回答，只见路加冲进了餐厅，接着两个仆人为有人闯入主人的房间而道歉。这位老医生喘着大气，额头上大汗淋漓，仿佛跑了很长的路。

"请原谅我糟蹋了这样一个愉快而和平的聚会，"他在两次喘气之间说，"但我要告诉大家一个不幸的消息，我知道你们都想尽快知道这件事。"

"亲爱的路加，你看上去精疲力尽，"塞尔吉满脸愁容地说，"来，坐这儿冷静一下，集中你的心思，要不要喝点酒？"

"不，"路加强忍着泪水，"请让我站起来！我刚从监狱里出来，听说保罗被审判了，他们以叛国罪对他动了刑。"

路加低下头，说："他被杀了，他马上被带到俄斯提亚路附近的一块公共土地上斩首了，那时，"他抽泣着说，"没有一个朋友或目击者在场。当我今晚到达那里时，当局把他的遗骸放在一个袋子里交给我。尽管太阳已经下山，我还是把他埋在了一位住在附近的追随者的花园里。"

"那他穿的那件红色长袍呢？"伊拉玛问，当看到海菲生气地瞪着他时，他立刻后悔自己不该问这句话了。

路加擦干了眼泪："只有他的遗骸在袋子里。我因为太悲伤了，根本没有想到要去问那件长衣的事。恐怕它已经被人偷走了。"

海菲站起来，将手臂轻轻地放在路加的肩上，对大家说："让我们常为他祈祷，但绝对不要为我们心爱的保罗掉下悲痛的眼泪，他今天晚上所在的那个地方，是我们每个人都比不上的。"

"我觉得很惊讶，一直觉得很惊讶，"塞内加说，"那些耶稣的跟随者在面对死亡的时候，为什么都不害怕？那些死亡真恐怖，有死在竞技场的，有死在刑场的，甚至有死在十字架上的。多年来，我一直听到传言，说耶稣的遗体是被他一个最亲近的门徒移出了坟墓，然后再将遗体藏起来，并宣称耶稣是神，因为他已从死里复活升天。然而，上个星期，就在此地罗马，有一个被认为是耶稣最亲近的人，他的名字叫彼得，人们告诉他说，只要他肯向当局承认，耶稣并没有从死亡中复活升天，他的性命就能保住，结果彼得被钉在十字架上死了。我听说，他自己还要求将他倒着钉上去，这样才不会跟耶稣是同一个死法。如果彼得知道耶稣的遗体是被人从墓穴中移走的——如果真有其事，他不可能一点都不知道——那么他为什么要为了一个谎言骗局而从容就死呢？现在，这么有才气的保罗也牺牲了自己的生命。我不明白！我真的不明白！有太多这类的事情我无法理解，但我知道，如果我现在是个年轻人，还有很长的岁月可活的话，我一定会好好想办法多认识认识这个叫作耶稣的人，也要好好研究研究他所教的东西。”

“塞内加，永远没有太老这一说，”塞尔吉说，“我们愿展开双臂来欢迎你。”

“我们？难道这位罗马驻塞浦路斯的杰出总督，也背叛了罗马诸神？你是耶稣信徒中的一员吗？”

“是的。”

塞内加难以置信地摇了摇头，转向海菲说：“那么你呢？最伟大的推销员，你臣服于谁呢？”

“以前，我从不向任何人臣服，就连罗马皇帝也不能让我屈服。但是很多年以前的一天，塞尔吉和我一同拜访过耶稣的母亲之后，我们俩爬上附近一座最高的小山，在山顶俯瞰拿撒勒小村。坐在那上面，与天如此地接近，我突然意识到，我一辈子在寻找的一个能领导我、支持我的信仰，终于找到了。我很清楚，玛利亚给我的那个袋子里，所放的远远不止是一个可怜的教士的红色长袍。我敢肯定那件长袍曾长期以来保护着上帝之子的身体。”

塞尔吉总督没有说任何话，倾向前去亲吻了海菲的面颊。

不一会儿，当海菲、盖勒纳斯和伊拉玛正要一同返回篷车队之际，伊拉玛紧靠在他主人耳边问道：“老爷，我们将来要干吗？我们下一站要到哪里去？”

“我们要回到大马士革去。”海菲回答道，“越快越好，一旦一切安排就绪，我们就解散大篷车队。我打算退隐到我的图书室里，利用上帝给我的有限时间，把我的十大最重要的原则——创造更美好的生活不可或缺的十大原则——抄写到卷轴上，就用我作骆驼僮仆时所获得的那十卷羊皮卷的形式，将幸福人生的十项最重要的原则记录下来。”

“然后呢？”伊拉玛问道。

“然后我就要协助你，组织一群迅速敏捷的信差，让他们将我所写的卷轴传递到世界的各个角落。利用这个方法，我们可以接触到几百万的人，而不像现在，能前来听我演讲的人，仍是有限的。”

“若能让我也协助你一起进行这件伟大的工作，那将是我莫大的荣幸，”路加说，“我的字写得非常出色，我很乐意将你的口述写到羊皮纸上。”

“医生，你还有更重要的任务。去完成保罗要你做的事，将你所听过的有关耶稣一生的事迹都写下来，他的奋斗，他的传教，包括昨天晚上我们走回篷车队时，我讲给你听的耶稣诞生在伯利恒马厩的故事。”

“海菲，”塞尔吉大声叫道，“我刚刚得到了一个绝佳的灵感。你还记得在很久很久以前，我们俩在拿撒勒的时候，我告诉你我在黑门山上盖了一幢房子吗？那个距离上帝对耶稣说话的地方很近很近的进修地！”

“我记得，同时我感到很遗憾，我从来没有接受你慷慨的邀请。”

“现在还不算太迟，听我说完，我现在已经太老了，再也不可能出远门上黑门山了，我很快就要把那个特别地方的所有权移交给我的看门人斯特凡纳斯。这么多年来，他一直待在那里，忠心耿耿地替我效力。那个地方对你是再合适不过了，当你集中精力创作那十卷卷轴的时候，靠近上帝说话的地方会为你创造一个完美的环境。”

“那座山正是在西顿港到大马士革的路上。”盖勒纳斯补充道。

“那斯特凡纳斯怎么办？”海菲问道。

“我会写个指示请你带去给他，他可以回去与他的家人团聚，他家就在附近，回去很容易。他走了之后，你就可以完全与世隔绝，直到你完成你的写作。你将在最理想的地方，做你最好的工作！除非上帝决定和你说话，否则只有风声会来打扰你。等你写完后，就可以回到大马士革的宫殿，只需半天的路程，然后再让伊拉玛替你监督指挥，让你令人心醉的文字流传四海。”

海菲看了看伊拉玛，伊拉玛保持着缄默，这是他必须做出的决定，也只有他自己能做这个决定。

塞尔吉继续说：“现在是你最后的机会了，海菲。明年，斯特凡纳斯和他的家人很可能就会住在那栋房子里。快去，我请求你！”

第三十八章

在篷车队即将离开罗马之际，海菲在路加的带领下，参观了附近一个名叫阿吉勒顿的图书区的几十家商店。经过数小时的选购，他终于买到了几瓶从埃及进口的最好的黑色墨水、一盒金属笔和鹅毛笔，以及由一打山羊干燥的皮制成的未用的羊皮纸。

时间已经到了午后时分，两人终于决定回到商队。他们走了不到五十步，海菲突然停下来，指着一只沾满黑斑的杉木箱子，它正躺在一个书摊旁。“那只旧箱子是空的吗？”他兴奋地对靠在旁边桌子上打瞌睡的人喊道。

“这不仅是空的，先生，也是出售的。”

海菲走近一些，声音颤抖地说：“请帮我打开一下好吗？”

那个商人把箱子搬到桌子上，然后把它的木盖子抬起来，让它向后倒，露出满是灰尘的箱体内部。

海菲转向一脸迷惑的路加说：“给我一些刚买的卷轴。”

路加把手伸进他随身携带的皮包里，取出了三卷卷轴。海菲小心翼翼地将它们放进箱子里：“请再给我七卷。”

这七卷卷轴放进去刚好将木箱装满，海菲轻轻合上盖子，转向小贩问道：“多少钱？”

“先生，只要一百个银币。”

海菲将手伸进外衣，准备掏出他的钱袋，但路加拦住了他。“先生，”他反对道，“这个价钱，至少是这只旧箱子实际价值的十倍！你看箱子上的铰链锈得多厉害，皮带也磨损得很厉害。来，我知道附近有一家不错的商店，在那里你可以找到各式各样更适合你的箱子，而且价钱也便宜得多。”

“路加，谢谢你的关心，但这只箱子正是我想要的，我不敢相信我的老眼，它看起来和六十多年前我还是个骆驼僮仆时所传得到的那个箱子一模一样。”

路加耐心地微笑道：“这只箱子看起来倒真是足够老也足够旧了。”

海菲把钱付给小贩，说道：“我在这个时候发现这只箱子，绝不只是一个巧合，上帝又在和我下棋，这是个好预兆。等我写完后，我就能用这个最合适的箱子来装我的卷轴了！”

两星期之后，成功篷车队终于停靠在西顿港，又过了一天，他们到达了通往大马士革和黑门山的十字路口，向东是大马士革，向南则是黑门山。

海菲从一辆大篷车上爬下来，历年来的演说旅行，海菲和他的伙伴们都是搭乘这辆篷车。大车的后面是一辆小车，里面装满了一箱箱的食物、衣物，还有他写作的用具。小车的车夫走向海菲，说道：“老爷，一切都准备妥当了。”然后将马鞭交给了海菲，这时，伊拉玛和盖勒纳斯也走了过来，海菲转向他的老账房说：“我一写完就会马上回家，大概要两个星期左右。”

伊拉玛难掩他的担忧：“老爷，您能不能重新考虑一下您的决定，让我陪您一块儿去？我们已经有很多很多年没有分开过了。”

“不要害怕，伊拉玛。我必须独自一人做这件事，这样我的注意力才能集中，思绪才能不被打乱，如此，这项工作才能得以完成。天气还很温暖，我带去的食物也足够吃好几个星期，我不会有事的，我们很快就会团聚的。塞尔吉给了我们俩一人一份去黑门山上小屋的地图，你的那一份还保存着吗？”

伊拉玛拍了拍他的长袍："它在这儿，老爷。"

海菲点点头，将他这位忠诚的朋友搂在怀里："如果一个月以后，你觉得太寂寞了，而我还没有回去的话，欢迎你来山上找我。现在，你带盖勒纳斯一起回到我们大马士革的家，他答应陪你做伴的。同时，在你解散篷车商队的时候，他也会对你有很大的帮助。我就在这里和你们道别了，今天晚上，我将独自睡在上帝曾经说过话的地方。"

山路从黑门山脚平缓上升，由于太平缓了，海菲很难意识到，他现在正在攀爬的这座壮丽的山，从远处看似乎直插云霄。路边尽是风信子、金凤花和樱草等野花，他并没有催快那两匹马的脚步，因为他一路都沉醉于山坡上的山楂树、杏仁树和紫丁香等飘过来的芳香。一个多小时后，他经过了一个耸立在一堆堆小圆石当中的巨大白石柱，根据地图来看，他知道只要再行两里路，就会到达目的地了。

从左手边看去，整个世界好像都快乐地铺陈开来让他欣赏。在那很远很远的地方，可以看到加利利海在闪闪发光。这位伟大的推销员朝着东方辛苦地眺望，使尽了眼力希望能够瞥到一眼他心爱的大马士革，但是那个方向整个都笼罩在浓雾中。向右边高处看去，是山顶的积雪，他这才发现，从远处看山顶披着一件闪闪发光的白色披风，实际上只是累积在空隙和裂缝中的一些白雪。

根据塞尔吉总督绘制的地图，这条路最终会蜿蜒绕过一片小松树林，那片松树林正好将总督的房子与路边的行人隔开。当马车行到树荫下时，海菲立刻把车停了下来，就在正前方，那掩映在几棵树的枝干中的小屋，便是海菲此行的终点。

一个穿着兽皮的宽肩男子站在小房子的门前，好奇地看着海菲从马车上下来，他迟疑地等待着，直到伟大的推销员举起手来跟他打招呼，他才大声喊道："你迷路了吗，陌生人？"

"我想没有，你是斯特凡纳斯吗？"

"我是。"

"你的老板兼朋友塞尔吉，要我找到你并向你问好，同时，还有一封信要给你。"

斯特凡纳斯接过那张羊皮纸，打开封印，匆匆将书信读完，然后他恭敬地向海菲鞠了一躬，说道："来吧，先生，让我把你的行李拿进来，帮你在这个特别的地方安顿妥当。"

海菲抓住年轻人的右手，将两枚金币放在他那满是老茧的手掌上，说："我实在非常抱歉，硬是把你从你的家里赶出去，不过我不会待太久的，塞尔吉告诉我你附近有家人，才稍稍缓解了我良心上的不安。"

斯特凡纳斯点点头，目不转睛地看着他新获得的财富，说：“我正因今年夏天没回去看望我的父母而自责，现在是个好时机。”

这幢房子只有四个房间，但陈设和装潢都和塞尔吉以前的官邸以及现在的别墅同样高雅。最让海菲喜欢的是那张大写字台，他将笔墨和卷轴都放在写字台上，再把在罗马买的那只旧箱子推到桌子底下。斯特凡纳斯卸下食物和其他的用品后，又搬了些木柴放在巨大的石砌壁炉里。

“先生，在我离开之前，请问你还有什么问题吗？还有什么我可以告诉你的？”

海菲一直盯着敞开的门，望着房子后面那片幽暗的树林。“是的，”他轻声答道，“你能不能带我去那个人们听到上帝说话的地方？”

“请跟我来。”斯特凡纳斯说道，便领着这位老人顺着一条布满雏菊的小路，走到一棵树旁边，他靠在树干上说：“彼得在几年前曾在塞尔吉的陪同下回到这个地方，他说这一切都发生在这里。你看，我用小圆石头将那个地方围了起来。那个时候，彼得、雅各和约翰三人跟随耶稣从凯撒利亚腓立比来到这里，他们三个因为太疲惫了，一来到这里便倒下来睡着了。彼得说，他们一醒来，就看到极为眩目刺眼的强光从耶稣那儿放射出来，而耶稣仍然跪在那儿祈祷。接着，一片明亮的云彩降临在他们头上，从云中传来的声音说："这是我的爱子，你们要听从他。"

"后来呢？"海菲问道。

"彼得说，不到几分钟云彩就消散了，什么都没有了，只有天上的星星是见证者。"

海菲跨过圆石，缓缓地走在凹凸不平的地面上，直到接近圆圈的中央。在寒冷的天气下，他感到一阵暖风掠过他的脸颊，心跳得也特别快。斯特凡纳斯的声音把他惊醒过来。

"如果没有别的事我能为你做，我想现在就离开，那样我就可以在太阳落山之前赶到山下。"

海菲目送着斯特凡纳斯渐行渐远的身影，直到完全消失在暮色中。然后他跪在最大的巨石旁，双手交叉放在它粗糙的表面上。他再一次感到了那股神秘的暖风。他知道，只要他还待在山上，他每天必须要做的一件事，就是每天早上，来到这块石头旁，跪地祈求上帝帮助他完成他的羊皮卷。

那天晚上，他几乎一夜未眠，他躺在床上，凝视着黑暗，计划着自己要写些什么。"这，"他大声地说，"这是我一生中最大的挑战，我曾因我的贸易王国和我的演说而被人推崇，但是如果我的文字能产生改变读者命运的力量，这才是最伟大的成就。这项需要最高智慧的任务绝对不是我一个人能够办到的，上帝，我求你帮助我。”

翌日早晨，海菲吃了简单的早餐后，便走到户外，他做了几次深呼吸，然后来到由圆石排成的圆圈旁，跪在那里，再一次地祈求帮助。然后他回到屋子，在写字台前一张舒适的皮椅上坐下，打开一卷未曾用过的羊皮纸，将鹅毛笔蘸上黑墨，开始书写：

每天早上和晚上，我都要阅读这些卷轴上的字句，并且在夜晚睡前这一遍要放声朗读。每一卷我都要按照这种方法读上一个星期，即便是安息日也不例外，然后再进入下一卷。十星期后，我便可以为一种新的、更美好的生活建立基础。

我明白，一两天的偷懒并不算犯法，因为没有任何法典规定我必须这么做；但我同时也非常清楚地认识到，我能够通过这份计划所取得的成功，将与我为实践它所付出的努力成正比……

第三十九章

成功誓言之一

我为成功而生，不为失败而活。

我为胜利而来，不向失败低头。

我要欢呼庆祝，不要啜泣哀诉。

可是，不知从何时起，我所有的梦都褪色了，不知不觉中，我也沦为平庸，和周围的人互相恭维着，自我陶醉着。

人，识得破别人的骗术，却逃不脱自己的谎言。懦夫认为自己谨慎，而守财奴也相信自己是节俭的。没有什么比自欺欺人更容易的了，因为我们往往相信我们希望着的事情。在我的生活中，没有哪一个人比我自己更能欺骗我了。

为什么我总在试图用言语来掩盖自己的渺小，总在试图为自己减轻负担，又总在为自己的低能寻找托词？糟糕的是，我似乎已经相信了自己编造的借口，心安理得，得过且过，安慰自己“比上不足，比下有余”。

不能再这样下去了！

当我终于开始自我反省时，我意识到，最可怕的敌人正是我自己。在那神奇的瞬间，自欺欺人的面纱从我眼前飘逝。

我终于明白，原来这世界上有着三种人。第一种人从自己的经验中学习——他们是聪明的。第二种人从别人的经验中学习——他们是快乐的。第三种人既不从自己的经验中学习，也不从别人的经验中学习——他们是愚蠢的。

我不是蠢人，从此我要靠自己的双脚前行，永远抛弃那自怜自贱的拐杖。

我永远不再自怜自贱。

我曾经傻傻地站在路边，看着成功的人昂首而过，富有的人阔步而行，心里生出许多渴慕。我不止一遍地想过，是否这些人具备一些我所没有的天赋，比如说，独特的技能、罕见的才智、无畏的勇气、持久的抱负，以及其他一些出众之处？是否他们每天比我多分到几个小时，得以完成那些伟大的计划？是否他们比我更具同情与爱心？

不！上帝从不偏心，我们是用同样的黏土捏成的。

我终于明白，并非只有我的生活才充满悲伤与挫折。即使最聪明、最成功的人也同样遭受一连串的打击与失败。这些人和我的不同之处仅仅在于，他们深深知道，没有纷乱就没有平静，没有紧张就没有轻松，没有悲伤就没有欢乐，没有奋斗就没有胜利，这是我们生存所要付出的代价。起初，我还是心甘情愿、毫不迟疑地付出这种代价，但是接二连三的失望与打击，像水滴穿石一样，侵蚀着我的信心，摧毁了我的勇气。现在，我要把这一切都置之度外。我不再是行尸走肉，躲在别人的阴影下，在无数的辩解与托词中，任时光流逝。

我永远不再自怜自贱。

我终于明白，耐心与时间甚至比力量与激情更为重要。年复一年的挫折终将迎来收获的季节。所有已经完成的，或者将要进行的，都少不了那孜孜不倦、锲而不舍、坚忍不拔的拼搏过程。这种过程是一点一滴的积累，步步为营的拓展，循序渐进的成功。

成功往往转瞬即逝。昨夜才来，今晨又去。我期待着一生的幸福，因为我终于悟出藏在坎坷命运后的秘密。每一次的失败，都会使我们更加迫切地寻求正确的东西；每一次从失败中得来的经验教训，都会使我们更加小心地避开前方的错误。就这种意义而言，失败是通往成功的道路。

这条路，尽管洒满泪水，却不是一条废弃之路。

我永远不再自怜自贱。

感谢上帝为我安排了这一切，并把这珍贵的羊皮卷交到我的手中。我终于认识到，生命最低落的时候，转机也就要来了。

我不再悲痛地追忆过去，过去的不会再来。在这些羊皮卷的启示下，我把握现在，努力向前，去邂逅神奇的未来，没有恐惧，没有疑虑，没有失望。

上帝按照自己的形象造就了我。对我而言，有志者，事竟成。

我永远不再自怜自贱。

第四十章

成功誓言之二

我比以往更加优秀。

在羊皮卷的启示下，我开始了新的生活。仅仅几天时间，我的内心被一种奇妙的力量鼓舞着，那几乎为岁月所泯灭的希望重新回到我的心中。

我终于从失望的牢笼中逃脱出来，心中有无限感激。在第一个成功誓言的激励下，我已经有了很大进步。当我重新审视自己时，我相信我终将为世人所接纳。现在我明白了更重要的真理：我们自己对自己的评价才是唯一有价值的。如果我们看不起自己，别人也会轻视我们；如果我们相信自己，别人也会理所当然地重视我们。

感谢上帝，把这些珍贵的羊皮卷交到我的手上，使我的生命从此有了转机。我不再像以往那样逃避挑战。我恍然大悟，原来在每一个朝圣者的旅途中，都有一处圣地，在那里，我们会感到与神的接近，天堂仿佛弯向我们的头顶上方，天使来了，牵起我们的手。那里是献祭的圣坛，是道德与非道德的会场，是审判的法庭，进行着人生最大的战役。过去的失败、痛苦，甚至那些令人心碎的事情，几乎已被遗忘，而快乐将至，在未来的岁月中，每每回首，我忘不了那最初体味成功的时刻。

但是，首先我必须学习并实践成功的第二个誓言：

面对黎明，我不再茫然。

过去，我很少相信自己的能力，所以，无论制定了什么样的目标，大的还是小的，看起来不过是一种愚蠢的行为。我常想，既然能力低下，制订计划又有什么用处？这样，每天我茫然地一脚踏进这个世界，没有方向，没有指引，苟延残喘，误以为自己在等待着时来运转，虽然我也从不相信，我未来的任何事情会与我的过去不同。

一天天地游荡，不需技能，不必努力，也绝无痛苦。相反地，每天树立目标，每周制订计划，每月确定方向，并且日日为达到目的而努力，却要付出极大的代价。我习惯于告诉自己明天将要开始努力，却不知，明天只能在蠢人的日历表上找到。我对自己的愚蠢茫然无知，若不是这些羊皮卷，我还将无所事事地浪费生命，还会一拖再拖，直到为时太晚。迟与太迟，其实相去甚远。

面对黎明，我不再茫然。

我一直过着蠢人的生活。虽然我总是想要过一种新的、更好的生活，却从不着手行动，好像吃喝睡眠都可以推到死亡将至的时候。多年以来，像很多人一样，我以为唯一值得花精力的目标是获得王侯般的富足、名誉以及权力。我犯了多大的一个错误啊！现在我知道，明智的人从不制定庞大无用的目标，那些计划，他称之为梦想，把它们藏在自己的内心深处，没有人可以看到它们，没有人可以嘲笑它们。然后，每天清晨，他只为这一天安排计划；每晚睡前，他只要确信这一天的计划已经完成。不久，每天的成果积累起来，一个叠过一个，像蚂蚁聚沙成塔一样，最后，一个城堡矗立起来，并能容纳任何梦想。事实上，一旦我学会控制急躁的情绪，循序渐进地完成计划，实现自己的梦想并不困难。我能够做到，我将要做到。

面对黎明，我不再茫然。

当一个人养成制定目标完成计划的习惯时，他已经赢得一半的成功。任何微小的工作，无论多么枯燥沉闷，都会使我更加接近最终的胜利，这样想着的时候，即使最单调的日常琐事，也变得可以忍受了。每天清晨，在新的快乐中醒来，梳妆都变得有意思；每天晚上，在新的喜悦中就寝，洗漱都变得有意义了。我现在才知道，生活可以像孩童的游戏一样快乐，只要醒来时，积极投入生活，早有一条路在前方铺展开来。

我知道自己身在何处，

也知道自己心系何方。

要想到达目的地，我不需要出发前就对途中的曲折了解得一清二楚。最重要的是在羊皮卷的帮助下，我已经不再回首往事。在那阴霾的日子里，每一天没有开始没有结束，我迷失在空茫的沙漠中，前方只有死亡和失败。

明天我有目标。

面对黎明，我不再茫然。

从前我对生活无所企求，生活也对我置之不理。但是，这种奴隶般的日子就要结束了。现在我知道无论我要求什么，生活都会给我。

当我为往事伤心时，阳光不再照耀我。让我埋葬过去，否则我就会被它吞没。我不再有眼泪。让阳光照耀我，照耀明天的目标。

面对黎明，我不再茫然。

第四十一章

成功誓言之三

我醒来了。

我满怀喜悦，迎接新的一天。

我感到自己的变化，现在我用快乐与自信代替了自怜与恐惧。

人因为磨难而接受教训，有所长进。我不再重复过去的失败和错误，因为我有了羊皮卷的指引。

当我迈进新的一天时，我有了三个新伙伴：自信、自尊和热情。自信使我能够应付任何挑战，自尊使我表现出色，而热情是自信和自尊的根源。

历史上任何伟大的成就都可以称为热情的胜利。没有热情，不可能成就任何伟业，因为无论多么恐惧、多么艰难的挑战，热情都赋予它新的含义。没有热情，我注定要在平庸中度过一生；而有了热情，我将会创造奇迹。

我的生存有了新的意义。失败不再是我的常伴。不久前，从我开始记住微笑时，空虚、孤独、无力、悲伤、烦恼和失望就不复存在了。别人也同样向我微笑，对我关怀。我们共同点燃爱与幸福的烛光。

我永远沐浴在热情的光影中。

热情是世界上最大的财富。它的潜在价值远远超过金钱与权势。热情摧毁偏见与敌意,摒弃懒惰,扫除障碍。我认识到，热情是行动的信仰，有了这种信仰，我们就会无往不胜。

我永远沐浴在热情的光影中。

一时的热情容易做到，把渴望的心思保持一天或者一周，也不太难。但是我要做的是，养成习惯，使热情时常陪伴着我。热情是对工作的热爱。我不需要了解它，我只要知道它使我的身体健康，使我的头脑充实。

随着我的努力，热情将会变成一种习惯。首先我们养成习惯，然后习惯成就我们。热情像一辆战车，带我奔向更加美好的生活。我在微笑中期待美好生活的来临。

我永远沐浴在热情的光影中。

热情可以移走城堡，使生灵充满魔力。它是真诚的特质，没有它就不可能得到真理。和许多人一样，我曾一度以为生活的回报就是舒适与奢华，现在才知道我们热望着的东西应该是幸福。就我的未来而言，热情比滋润麦苗的春雨还要有益。

今后，我所有的日子都将与以往不同。我不再把生活中的付出当作辛劳，因为这样一来，工作便是迫不得已的苦差，伴随着无休无止的忍受。相反，热情让我忘记生活的艰辛，用旺盛的精力、充分的耐心和良好的状态去迎接每天的工作。有了这些素质，我将远远超过以往的成绩，时间飞逝，热情不绝，我一定会变得对自己和世界更有价值。

我抱定这样的态度，那么一切都将变得无比美好。

我永远沐浴在热情的光影中。

在那耀眼的光线中，我第一次睁开了眼睛。在那些无聊的岁月中，我生命中一切美好的东西都隐藏起来，现在它们一一展现在我的眼前。恋爱中的人，往往比别人目光更敏锐，感觉更细致，能够看到别人熟视无睹的美德和魅力。我也如此，充满热情，更具洞察力，视野更开阔，能够看到别人无法识别的美丽和魅力，它们可以补偿大量的苦差、贫困、困难，甚至迫害。有了热情，我无论处于什么样的环境，都可能有所作为。我也会偶尔迷惘困惑，正像发生在所有天才身上的一样，那时我会迷途知返，使自己继续前行。

我永远沐浴在热情的光影中。

当我意识到我所拥有的这种伟大力量可以改变我的一切乃至整个生命时，我感到多么振奋啊！这种力量原本就存在于很多人的身上，只是他们自己并不知道，不知道他们可以用这种神奇的力量改变自己，我为他们感到深深的悲哀。我将日历翻回，像年轻人一样生活，他们有不可抗拒的魅力，热情洋溢，像高山上的泉水。年轻人的眼中，没有黑暗的前途，没有无处可逃的陷阱。他们忘记了世界上还有一种叫作失败的东西，他们深信不疑的是，世界等待他们的到来，等待他们点燃真理、热情与美丽的火种。

今天我高高地举起蜡烛，在烛光中向每一个人绽出笑容。

我永远沐浴在热情的光影中。

第四十二章

成功誓言之四

我拥有神奇的力量。

当我与人相处时，我知道如何影响别人的思想和行为。

单是这一样本领，使用得当，已经使得历史上许多雄心勃勃的人达到名誉、财富与权势的巅峰。

遗憾的是，只有很少几个人知道他们拥有这样的力量，大多数人不得不为自己的无知付出相当大的代价，饱尝失败与苦难：朋友离去，希望之门紧闭，机运之神远去了，梦想破灭了。

直到现在，我还是悲苦大众中的一员，对自己的能力懵然无知，因而糟蹋了许多获得成功与幸福的机会。

羊皮卷让我睁开了眼睛。这个秘密非常简单，甚至小孩子都可以明白，本能地加以利用。我们希望别人怎样对待自己，就要怎样对待别人，这样才可以对人施以影响。我们彼此很像，同样的感觉，同样的情感，同样的希望，同样的恐惧，同样的错误，以及同样的血液。人人痛痒相关，微笑总会迎来善意。

我曾经很无知，现在才认识到仅仅依靠自己是不能获得成功的，成功者都善于借助他人的力量，同样，没有他人的帮助，我也不会达到自己的目标。明白了这一点，我对以前的行为深感后悔。

别人会助我成功吗?

每当我皱眉时，回报也一定是蹙额。

每当我愤怒地大喊时，愤怒之声回应着我。

每当我抱怨时，苛刻的目光将我刺穿。

每当我诅咒时，憎恨的目光必定回视着我。

我使自己生活在一个没有微笑的世界上、一个充满失败的世界上。我一直责怪别人与我为难，现在才知道问题出在自己身上。

我终于睁开了眼睛。

我不再难以与人相处了。

我微笑，无论对朋友还是敌人，并努力发现他们身上值得赞扬的品质，因为我认识到人类出于天性深切地向往着赞美。而事实上，我们每个人都有值得称赞的地方，我要做的就是表达出那来自内心的赞美之声。

赞扬、微笑、表示关切，我们既是付出者，也是受益者，为别人带来美好的生活，也为自己创造着奇迹。微笑是我能够赠予别人的最为廉价的礼物，却具有震撼人心的力量。那些受我称赞的人，也会在我身上发现他们以前忽视了的力量。那些受我称赞的人，也会在我身上发现他们以前忽视了的优点。

我不再难以与人相处了。

怨天尤人、牢骚满腹的时代已经结束。没有什么比挑毛病更容易的了。在牢骚行业中立足，不需要才能，不必自我否定，不费大脑，不需要个性。我不能把时间浪费在抱怨上了，它有损我的个性，没有人愿意与我合作。那是我昔日的生活，它不再来了。

我为有这种自新的机会感到高兴。

以前，我爱抱怨、发牢骚，怒气冲冲地看待这个世界，所以浪费了许多年的机会，包括那些本可以在微笑面前敞开的大门，和那些原本可以为善意的语言打动而伸出的援助之手。现在我才开始学习一项伟大的生活艺术——为自己创造机会，捕捉机会。

我不再难以与人相处了。

说到底，微笑和握手都是爱的体现。现在我知道，生活不是由伟大的牺牲和责任构成的，而是由一些小事情，像微笑、善意和小小的职责组成的。尽可能每时每地地付出这些，并能够体察任何心灵。生活中最好的东西便是无微不至的关怀，善意的语言使人们的精神产生共鸣，由此产生美好的想象。它使听到的人感到欣慰、安宁和舒适，同时对自己的乖戾、郁闷及其他不好的情感感到羞愧。这种语言非常丰富，能够在许多场合大显身手。以前我没有意识到它的作用，以后我要多加练习，学会使用这种语言，因为它关系到我的幸福。

我不再难以与人相处了。

我发现，日常生活中，爱戴与钦慕的赢得，是通过每天甚至每小时经常发生的那些看得见的细小的善意行为，它们从一个人的言辞、声调、手势和表情中流露出来。一个仁慈的人的快乐很容易感染周围的人，善良的心好像快乐之泉，使周围每个人闪耀着笑靥。每晚就寝前，我庆幸自己已使至少一个人更加快乐或者更加聪明，或者至少更加对自己感到满意。

如果我能够恪守在此所发的誓言，未来我所呼吸的空气必将闪耀着爱和美好的希望，那么从这一刻起，我又怎么会失败呢？

我不再难以与人相处了。

第四十三章

成功誓言之五

太阳并非时刻普照着大地。

葡萄也有青涩的时候。

危机并没有完全过去，和平盛世还没有到来。

很遗憾，我了解到这样一个事实。虽然在羊皮卷的启示下，我已经尝到了成功的甘露，但是我知道以后的日子并不总是在成功的巅峰上。无论我尝试了多少次，无论我在选定的事业中多么坚忍不拔、表现出色，无论我还将付出多么大的代价，挫折与失败还会日复一日、年复一年地如影随形。我们每个人，即使是最刚毅、最具英雄气概的人，一生中的大部分时间都是在失败的恐惧中度过的。财富是无穷无尽的吗？不，它们永远不够。

我们受到保护吗，安全吗？可是，安全又意味着什么？没有疾病、不会失业、免遭抢劫？我们有亲密的伙伴和充满爱与关怀的家人吗，友谊是永远值得信任的吗，爱会长久吗？

失败的恐惧使我们的生活笼罩在灾难的阴影中。它形形色色，变幻莫测，既是想象的又是现实的，既模糊混沌又清晰明朗，稍纵即逝却又挥之不去。为保住工作而奋斗的工人感到这种恐惧，养家糊口的成年人感到这种恐惧。这种恐惧折磨着每一个人，王子与贫儿、智者与蠢材、圣者与罪犯。过去，我不知如何对抗逆境，失败的创伤使希望的天空布满阴云，使梦想化为泡影。现在，这一切不会重演了。这是一种新的生活。无论失败何时降临，我都有方法扭转乾坤，从中获益。

在每一次困境中，我总是寻找成功的萌芽。

逆境是一所最好的学校。每一次失败、每一次打击、每一次损失，都孕育着成功的萌芽。这一切都教会我在下一次的表现中更为出色。我不再对失败耿耿于怀，不再逃避现实，不再拒绝从以往的错误中获取经验。经验是来自苦难的精华，生活中最可怕的事情是不能从一次的失败中得到为下一次准备的智慧。每个人都有自己的学校，得到不同的经验。除此之外，别无他法。逆境往往是通向真理的重要途径。为了改变我的处境，我准备学习我所需要的一切知识。

在每一次困境中，我总是寻找成功的萌芽。

现在，我已经做好充分准备，去对抗逆境。我第一次明白，所有事情，或好或坏，或大或小，都将迅速从我身边过去。人类的成就或是大自然的杰作都转瞬即逝。生命中的一切不仅处于不断变化的状态中，而且它们本身就是彼此从不休止、无穷无尽变化的原因。

每天我站在峭壁上，身后是昔日无底的深渊，前方是未来，未来将淹没今天降临到我头上的一切。无论今后我面对什么样的命运，我都将细细地品味它，痛苦也会很快过去。只有少数人知道这个显而易见的真理，其他的人一旦悲剧降临，希望和目标就消失得无影无踪了。这些不幸的人们至死都在苦难的深渊中，每天如坐针毡，乞求别人的同情和关注。逆境从来不会摧毁那些有勇气有信心的人们。我们每个人都将在苦难的熔炉中锤炼，并不是所有人都能再生。而我将再生。金子在火红的炭火中保存下来，毫无损失。我比金子更为珍贵。

一切终将过去。

在每一次困境中，我总是寻找成功的萌芽。

我发现苦难有许多好处，只是很少为人察觉。苦难是衡量友谊的天平，也是我了解自己内心世界的途径，使我挖掘自己的能力，这种能力在顺境中往往处于休眠状态。

一个人，从出生到死亡，始终离不开受苦。宝玉不经磨砺就不能发光。没有磨炼，我也不会完美，生命热力的炙烤和生命之雨的沐浴使我受益匪浅，但是每一次的苦难都伴随着泪水。为什么上帝以这种方式惩罚我，让我一次又一次地失落？

现在我知道，灵魂遭受煎熬的时刻，也正是生命中有最多选择与机会的时刻。任何事情的成败取决于我寻求帮助时的态度，是抬起头还是低下头。假如我只会施展伎俩，使出种种权宜之计，那么机会也就永远失去了，我会生活得不那么富裕，成就也不太大，痛苦更深，更加可怜，更加渺小。但是，如果我信奉上帝，那么从此以后，任何苦难都将成为我生命中胜利的转折点。

在每一次困境中，我总是寻找成功的萌芽。

无论何时，当我被可怕的失败击倒，在每一次的阵痛过去之后，我要想方设法将苦难变成好事。伟大的机遇就在这一刻闪现……这苦涩的根必将迎来满园芬芳。

在每一次困境中，我总是寻找成功的萌芽。

第四十四章

成功誓言之六

我已经欺骗自己太久了。

我曾经一面恭维我的雇主，一面抱怨我每个小时面对的都是苦差。对我来说，工作是维持生存所要付出的辛酸代价。我出生时，上帝准是闭着眼睛，没有把黄金放在我的手上，把王冠戴在我的头上。以前的我是多么愚蠢啊！

现在我知道，从劳动中结出的硕果，是最甜美的果实。天才可能承担伟大的工作，但必须靠辛勤的劳动才能完成。

在这些羊皮卷的帮助下，我终于睁开了眼睛。

要是以前我把为避免工作而寻找借口的精力用于想方

设法改进工作，我的工作该变得多么轻而易举啊。

有一个最大的成功秘诀，它使所有其他法则相形见绌。它无疑包含在数百年、数千年来为创造更加美好的生活而证实了的各项原则中，因为它太难做到了，所以大多数人一再地拒绝它。财富、地位、名誉，甚至难以把握的幸福都会来临，只要我下定决心，每天比原来付出更多的热情和汗水。还有一种方法可以帮助我们记住生活中这条最艰辛的原则：如果人家要求你走一里路，那么你要自觉自愿地多走一里。多少个世纪以来，能够有这样的决心的人寥寥无几，而只有他们享受到成功的殊荣。

从今天开始！

做任何事情，我将尽最大努力。

现在我知道，为了事业兴旺发达，我必须严守职责，并且永远走在时间前面。那些顶尖人物都是不以分内之事为满足的。他们比常人做得更多，走得更远。他们不图回报，因为他们知道最终将尝到硕果。

一个人要想实现自己的目标，离不开艰辛的脑力劳动和体力劳动。如果我不愿付出这样的代价，那么我的未来一定充满眼泪和贫穷，我会为那没有笑声与鲜花的未来顿足捶胸，哀叹自己的不幸。以后我不再为自己感到悲伤，我不再走在老路上。

做任何事情，我将尽最大努力。

我不是被束缚在工作中的奴隶。即使我憎恨那些不得不完成的工作，我还是明白苦差是开掘精神宝藏的必需品，只有它能够改变我的命运。这就好比耕耘播种为的是收获果实一样。假如我没有忘记我是上帝的子民，为成功而降生到这个世界上，那么我一定不满足于那些指派给我的工作。

无论我做任何工作，让我为之倾注爱心，那样，我将不会失败。

我每天所做的事情虽然有限，却也是有意义的。世界的进步并不单单靠英雄们有力的臂膀向前推动，每一个诚实工作着的人都贡献着自己的一份微薄之力。对于工作的真爱，不是源于金钱，不是因为时间的消耗或是技能的实践，而是来自对于成功本身带来的骄傲与满足的渴望。

对于出色的工作的最大奖赏就是已经做完了它。

做任何事情，我将尽最大努力。

从此，我要以每天的成绩令世人惊叹。每天我要延长花在工作上的时间，让那多付出的汗水成为明天的投资。有了这种态度，这种在我们这个自私自利的世界上罕见的态度，我不会失败。

当然，如果我以这样的态度工作，每天多走一些路程，我必须准备面对那些从不努力工作的人的嘲笑。为了在短暂的一生中有所作为，我必须集中精力、体力和时间，而对那些无所事事的人，我尽可以置之不理。就这样吧。

做任何事情，我将尽最大努力。

给我爱，给我工作，只需这两样东西，我就可以过上令人满意的生活。

我知道，没有衣食住所，生活不会幸福；但是当这一切都应有尽有的时候，生活仍然不会幸福。一条小溪，最大的优点在于不断流动，一旦停下来，就成为一潭死水。对我而言，最好的事情莫过于让自己处于不断的变化中。很少有人意识到，他们的幸福正是建立在工作的基础之上，取决于他们是忙碌辛苦还是静止不前的事实。幸福的第一要素就是有所作为。

做任何事情，我将尽最大努力。

我不再拒绝前行，也不再懒于付出。

从此，我将以全部的精力投入工作——不仅要完成计划中的任务，而且还要多做一些。如果我遭受苦难，正像我经常会有的命运，如果我怀疑我的努力，正像我常常想的那样，那么我仍要坚持工作。我要将整个身心倾注在工作之中，那时，天空将变得格外晴朗，在困惑与苦难中，生活中最大的快乐即将到来。

让我遵循这条特殊的成功誓言：

做任何事情，我将尽最大努力。

第四十五章

成功誓言之七

许多精力白费了，因为我漫无目标。

我在彩虹下游移，错过了许多季节。

多年以来，我的生活就好像竹篮打水一场空。

成功、幸福、财富，我仍然希望有一天可以拥有它们。

我空等着。要不是这些神奇的羊皮卷，我也许会这样一直等下去。往事不堪回首。那是一种没有归宿的游荡。

这一切都过去了。

现在我知道为什么成功总是躲避着我。摇摆不定、犹豫不决的人，最终不会做成任何一件事情。如果我不断制订计划，却从不完成它们，就会像百合花一样随风飘摇，不能完成一件伟大而有意义的事情。

能够在这个世界上独领风骚的人，必定是专心致志于一事的人。伟大的人从不把精力浪费在自己不擅长的领域中，也不愚蠢地分散自己的专长。其实，这个伟大的秘密一直摆在我的眼前，只是我的眼睛看不到它。

我将全力以赴地完成手边的任务。

成功与失败的区别不在于工作的数量，而在于工作的质量。那些饱尝失败之辱的人，并非做得少，而是因为他们不加选择地接受任务，往往一边建筑，一边拆毁。他们没有把握环境，创造机会。他们只能在诚实中失败，却不能将它们转为成功的机缘。尽管有足够的能力、充分的时间，成功的主要因素都具备，他们也只能让空梭上下乱舞，却永远编织不出真正的生活的锦缎。

我将不再只把注意力放在工作上，我本该开始完整的生活。我睁开眼睛。以后，无论我做什么事情，我都要认真考虑。

一颗种子可以孕育出一大片森林。

专心致志、锲而不舍，人们终于在埃及平原上建起了不朽的金字塔。

精通一种行业的人可以养家糊口，样样略知的人却不能养活自己。水手不知在何处泊船，风就不起作用。现在我知道前往何方，也知道如何到达目的地。

我将全力以赴地完成手边的任务。

与其诸事平平，不如一事精通，这是一种规律。分散精力的人不会成功。

把一只蜥蜴截成两段，一半向前跑去，另一半向后跑去。这正如一个人做事情将目标分开一样。成功不会光顾那些分散注意力的人。

我准备将生活进行一次重大的调整，别人将感觉到我的改变。生活中，如果目标明确，将会产生巨大的能量。一旦我目标明确地生活，我的声音、服装、外表、行为和仪态都会改变。

我怎么像多数人一样，一直忽略了这个伟大的真理呢？

一个人精通一件事，哪怕是一项微不足道的技艺，只要他做得比所有人都好，那么也能获得丰厚的奖赏。如果他集中精神，坚忍不拔，将这门微不足道的技艺使得异常精湛，他也将有益于人类并应为此得到报偿。

我将全力以赴地完成手边的任务。

我将确立我的目标，把它们永远铭记在心。只有全心全意地寻找，才会有所发现，否则生命也没有任何特殊的意义。并非只有蜜蜂才在花丛中飞舞，然而却只有蜜蜂将花粉收集起来酿成蜂蜜。我们是否从多年的学习中以及年少时的辛苦中获得了丰富的经验并不重要，因为如果我们踏入生活时，对未来没有一个深思熟虑的想法，那么可以肯定，幸福不会降临，那种可以使我们成功的机遇也不会发生了。

人们常常说，我们要树立高远的目标，但是我们必须千里之行，始于足下。仅仅有远大的目标是不够的。箭发于弓，直中目标，从不偏离轨道，寻找别处的靶子。

雷霆万钧敌不过瞬息爆发的一道闪电。

我终于知道，只要我一心一意向着一个目标稳步前行，百折不挠，一定不会失败。这就好比用玻璃聚集起太阳的光束，那么即使在最寒冷的冬天，也可以燃起火来。

我将全力以赴地完成手边的任务。

最弱小的人，只要集中力量于一点，也能得到好的结果；相反，最强大的人，如果把力量分散在许多方面，那么也会一事无成。小小的水珠，持之以恒，也能将最坚硬的岩石穿透；相反，湍流呼啸而过，了无踪迹。

我将留下我的踪迹，让世人知道我曾经来过。

我将全力以赴地完成手边的任务。

第四十六章

成功誓言之八

我曾经如此盲目。

机遇之神曾经闯进我的生活。她装扮成辛苦的工作，我没能认出她来，白白地错过了。

我漫无目的地在生命的旅途中游荡，眼中饱含自怜的泪水，没有注意到那准备将我载向美好生活的金镂战车已经等候多时了。

我的看法不会再被我的态度损害了，因为我的态度已经改变。

现在我知道，机遇之神出现时，从不佩带财富、成功或者荣誉的标志。做每一件事，都要竭尽全力，否则最好的机会就会无声无息地从我身边溜走。看似平常的某一天的黎明，某一时刻的花开，也许我就在面对着一生的机缘。面对任何难题，无论它看上去多么困难、多么卑贱，我都唯有靠勇气和毅力，才能在机会来临时，抓住它们，无论它们是大张旗鼓地出现，还是藏在尘埃下面。

过去的我，对每天的工作都抱怨不已，每见到一个人就向他喋喋不休地诉苦，从来没让自己去围攻一个机会。现在，在这些羊皮卷的启发下，我重新构建我的生活，今后，我将抬起头来，眼望前方，像饿狮觅食一样迫切地寻找机会。

我不再于空等中期待机遇之神的拥抱。

我不留恋于过去。任何一次失败都不可能减缓我奔向那成功与幸福的乐土，我将在那里安度余生。我终于明白，想要引吭的歌喉总能找到合适的曲调。

我并不只是在缅怀往事。我那些令人伤心的失败都是我自己铸成的。古人云：“享受你所拥有的这一点吧，蠢人才不满足于手中的东西。”这是我以前信奉的格言，也是引为行动准则的话语。可是难道所有的古训都正确吗？不！我开始一种新的生活，我一反从前的生活方式，同时也将这则谚语改成：“让蠢人享受他所拥有的这一点吧，我要争取更多的东西！”

我不再于空等中期待机遇之神的拥抱。

这些日子以来，我已经有所长进，比以前更能识破机遇之神的伪装。通过每天实践羊皮卷上的内容，我已经根除了一些曾使我裹足不前的恶习，而这种重构刚刚拉开序幕。让我在这里起步，尽管我还带着相当多的坏习惯，让我一点点地对付它们，在上帝的帮助下纠正我的缺点。如果我有勇气超越自己，有足够的信心迎接成功，那么我至少会比现在好得多。

过去，我曾愚蠢地让失败和悔恨的重负压弯了我的身体，眼睛盯着地面。现在我卸去了以前的包袱，视野开阔，目所能及之处，大门敞开，迎接我去过一种更好的生活。

我不再于空等中期待机遇之神的拥抱。

每天当我写下当天的目标时，我要记得在最上方写下留心机遇的话语。每天清晨醒来，我将以微笑迎接新的一天，不管遇到什么令人不快的事情。如同爱神，机遇之神同样不为阴郁绝望所吸引。现在我知道，生活中最成功的人总是充满快乐和希望的。他们面带笑容处理工作，富于幽默感，愉快欢乐，善于把握机会，对生活中的变化非常敏感，无论棘手的事，还是顺利的事，他们都能以同样的态度对待。这些人算得上有智慧的人，他们创造的机会比自己想象的还多。

这么多年来，我怎么没能窥破这个现在看来简单明了的道理呢？为什么我们许多人任凭生命中的黄金时刻从身边流走，却只看到淤沙？为什么我们总要等到天使走了才恍然想起他们曾经来过？机会常常微乎其微，以至于我们对它们不屑一顾，但是它们常常是伟大事业的源头。机遇无所不在，所以我必须常常悬钩以待，否则在我最不经意的时候，大鱼便游走了。

我不再于空等中期待机遇之神的拥抱。

我已经不是几个星期以前的我了。

我不再怨天尤人。虽然我仍然对命运的安排心存不满，但是我已经学会站立雨中，仰望苍穹，寻找蓝色与星光。世界上有两种不满的人，一种人埋头工作，一种人甩手而去。第一种人得到他想要得到的东西，第二种人失去他所拥有的东西。治疗第一种人的唯一药方便是成功，而第二种人却是无药可救的。我知道自己是哪一种人，我喜欢做这样的人，感谢上帝。

我终于明白，机遇之神从不敲门，只有当我敲门时，她才会答应。我将时常高声叫门。

我不再于空等中期待机遇之神的拥抱。

第四十七章

成功誓言之九

我一直对自己太过放松。

我一直拿过一本书，匆匆翻过，便又合上。

我从没在休息前，花时间回顾一天的得失。

我从来没有带着勇气和诚实，回想一天的言行，以便第二天有所借鉴，从而进步。

关于成功以及如何获得成功的真理，从来没有从我面前隐没。只因我一直为生存而拼搏，竟然没能认出它来。

每天结束时，我精疲力竭。任何为我的日子笼上阴影的错误、失败或者事故都很快得到原谅。我向自己许诺，明天将会是新的一天，也许那时生活会对我温和一些。我错了！

我终于看清了。

我看清了，世界就是一个市场，每样东西都标了价，无论我用自己的时间、劳动、心智买了什么，也无论我买下的东西是财富、舒适、名誉、正直还是知识，我都必须信守自己的决定。我不能像小孩子那样，买下一样东西，又后悔没有另一样东西。既然构成生命的每天的事情都难以收回，那么但愿我能在未来肯定地说，我的汗水与辛劳换来的是有价值的永恒的东西。唯一的可行之计是每天向瞌睡虫投降前进行一项特别的训练。

我将在每晚反省一天的行为。

如果我每天都找出所犯错误和坏习惯，那么我身上最糟糕的缺点就会慢慢减少。这种自省后的睡眠将是多么惬意啊。

下面就是我头脑中经常浮现的问题：

今天我发现了什么弱点？

对抗了什么情感？

抵御了什么诱惑？

获得了什么美德？

通过学习这些羊皮卷，我已经开始用计划来迎接每天的新生活，这样我所攀登的高峰就有了路标。现在，每天结束时，我将仔细衡量旅途中的进步与问题，我最新获得的这项好习惯将会在我脑海中记下今天的日记，备下明天的课本。

我将在每晚反省一天的行为。

晚上，我在蜡烛熄灭之前，回想这一天每时每刻的言行。我不允许任何东西逃过我的反省。当我有权劝诫自己、原谅自己时，为什么我要害怕看到错误呢？

也许我在某一次的争论中措辞过于尖刻。也许因为我的观点刺耳，所以不被接受。虽说有理，可是要知道真理也不是随时发言的。我应该管住自己的舌头，不与白痴争论。我做得不够理想，但是这种事情不会重现。

经验往往被人们当成愚蠢与悲伤的同义语。其实大可不必。假如我愿意并确实从经验中学习，那么今天的教训就会为明天的美好生活打下基础。

我将在每晚反省一天的行为。

让我反省自己的行为，当我像自己最大的敌人那样审视自己时，我就成了自己最好的朋友。我将开始，就在此时，成为我所希望的那个样子。夜幕会降临，但睡意不会合上我的眼睑，直到我完全回忆过一天的事情。

哪一件应该做的事情没有完成？

哪一件事情本应做得更好？

生活中最大的尚未被发现的快乐，来自于做任何事情都能够最大限度地发挥自己的能力。这时，会有一种特殊的满足感油然而生，那是当一个人审视自己的工作时，看到工作完成得如此圆满、精彩、准确，从而生发出的一种自豪感。这种感觉是那些工作马虎、懒散、邋遢、半途而废的浮浅之士难以体会的。正是这种追求完美的意识使每件工作成为艺术。最小的工作，做得出色的话，也会变成奇迹。

明天的成就将会超过今天的作为。改进永远来自于检查与反思。每个人都应该一天比一天明智。

我将在每晚反省一天的行为。

我是否顾影自怜？

迎接黎明时，我是否心怀目标？

我是否对遇到的每一个人和蔼可亲？

我是否尝试走得更远一些？

我是否对机会保持警觉？

我是否在每个问题中寻找好的一面？

我以微笑面对愤怒和仇恨了吗？

我集中精力和目标了吗？

有什么能比这样的日日反省更有好处？它使我更加自豪和满足。

太阳落山时，我的一天并没有结束。我还有一件事情要做。

我将在每晚反省一天的行为。

第四十八章

成功誓言之十

我许诺……

我宣布……

我发誓……决不忘记万能的主赐予了我最好的礼物，那便是祈祷。无论胜利还是挫折、爱还是心碎、狂喜还是痛苦、赞许还是拒绝、成功还是失败，我总能在祈祷中点燃心中的信念。这种信念带着我穿越疑惑的迷雾，走出空空荡荡的黑暗，跨越布满疾病与痛苦的荆棘之路，免受危险的诱惑。

只有用自己的心去说话，上帝才会倾听。

清晨，祈祷是上帝赐予我的通向财富的钥匙。晚上，祈祷使我得到保护。

只要还能祈祷，希望和勇气永远不会消失。没有祈祷，我束手无策；有了它，任何事情都是可能的。愿这第十个誓言和最后的宣誓永远指引着我的生活。

通过祈祷，我永远与万能的主息息相通。

话语越短，越是好的祈祷。

我的祈祷文将是简单的……

向一位不知名的朋友祈祷：

我特殊的朋友，感谢您的聆听。您知道，我努力不辜负您对我的信任。

感谢您，让我生活在这片乐土上。让我工作和娱乐，可是不要因为它们令人陶醉，而让我与家人分开太久。

教给我生活的艺术，公平、勇气、坚忍、信心。

给我一些朋友，既理解我又不离我而去。

给我一颗宽容的心灵、无畏的胸怀，使我纵然孤身前往从未有人涉足的地方也不退缩。

给我幽默感和一些无忧无虑的闲暇。

帮助我努力获得最高的智慧、抱负和机遇。让我永远不要忘记伸出双手帮助那些需要鼓舞和帮助的人。

给我力量，迎接前方任何征途。让我在危境中勇气倍增，苦难中继续前进，愤怒时保持平和，准备任何机缘的改变。

让我以微笑代替愁容，以友善的言辞代替粗鲁刻薄。

让我同情他人的痛苦，让我体会到，每个生命中都有隐藏的苦恼，无论看上去多么得意扬扬。

让我对生活中的任何事情都保持虔敬之心，既不过分自负也不顾影自怜。

悲痛中，让我想到，没有影子就没有阳光，这样我就会离开苦恼的深渊。

失败时，让我更具信心。成功时，让我保持谦卑。

让我完成全部工作，并尽力做得更多更好，当我完成时，给我相应的报酬，并允许我深深致谢！

第四十九章

伊拉玛坐在院子里巨大喷泉旁一张长长的木凳上，双手托着腮，肘部靠在膝盖上。虽然听见越来越近的脚步声，然而他却没有抬头去看。他一直低着头，两眼盯着自己的凉鞋。

“怎么了，伊拉玛？”盖勒纳斯不安地问道。

“他一个人独自待在山上有多久了？”

过去一个星期以来，盖勒纳斯每天都要听到好几次同样的问题，他笑了笑：“我们和海菲分手后，已经过去二十八天了。”

伊拉玛沮丧地摇摇头，站了起来：“盖勒纳斯，你陪我走走吧！在这些充满忧愁的日子里，你的友情和笑脸是无价的资产。”

他们就来到院子北面，站在丽莎墓旁的丝柏树枝拱廊下，伊拉玛朝旁边那张桃花心木长椅点点头说：“每天早晨，只要海菲在家，他总是会坐在那儿，像丽莎在旁边摘花一样同她聊天，然后就在那儿打起盹来。他常说，他对巡回演讲唯一不喜欢的地方是，他每天都很想却无法和他的夫人交谈。”

“每天在这里散步，我还从来没冒险进到庭院的这一部分。”这位经纪人一边说着，一边继续朝高高的大理石拱顶走去，而伊拉玛则坐在海菲最喜欢的长椅上休息。

“多么不寻常的玫瑰啊！”盖勒纳斯大声叹道，突然跪在那片灌木丛前，它们守卫着墓穴的铜门。

“白玫瑰有什么特别之处？”伊拉玛叹了口气，“把它种在那儿，是因为它是丽莎的最爱，海菲要求将来自己安葬在她旁边的时候，我们要在丽莎的白玫瑰旁种上一丛红玫瑰。”

“伊拉玛！”盖勒纳斯大声喊道，“你快过来，现在就过来！”伊拉玛被声音中的急迫感吓得从椅子上跳了起来，急忙朝跪在地上的盖勒纳斯走去，只见盖勒纳斯半张着嘴巴，颤抖的手指向一朵盛开的玫瑰。

“伊拉玛，你看！”

一丛丛的白玫瑰，有全开的，有含苞的，几乎把整片空间都盖满了，但是，盖勒纳斯所指的却是一朵红玫瑰。

“不可能。”伊拉玛泪眼汪汪地抽泣着，跪在地上，“这不可能的！”

“但它确是事实，”盖勒纳斯目瞪口呆地喊道，“一朵可爱的红玫瑰，长在一棵白玫瑰的枝干上！”

“海菲一定出事了，”伊拉玛呻吟着，“我们必须去找他，现在就去！”

不到一个小时，一辆小马车从宫殿的马厩中冲了出来，由盖勒纳斯领着缰，在中午时分他们就到了黑门山的山脚下。稍作休整他们就开始攀爬，爬上山路不久便见到了一个三岔路口，伊拉玛查了一下地图，然后循着右边的路继续走。后来，他们经过了那巨大的石柱，伊拉玛说：“我们应该很快就要到了，塞尔吉曾经告诉过我，他的小屋就隐藏在一个与世隔绝的小树林的后面。”

“就在那儿！”盖勒纳斯喊道，他指挥马车向被白色岩石和沙地包围的松树林走去。刚一进树林，盖勒纳斯便停下了马车，仅仅几英尺的距离，就是塞尔吉的小屋了，屋前停着海菲的马车，缰绳挂在小屋前面的一根粗柱子上。

“看起来他正准备回大马士革，”伊拉玛说着，和盖勒纳斯一同爬下他们的马车，“海菲很可能已经完成他的工作，正准备回家。看来我们的担心是多余的，这一趟算是白跑了。”

盖勒纳斯敲了敲门，却没有任何反应。他看了看伊拉玛，伊拉玛则毫不犹豫地轻轻将门推开，并高声叫道：“海菲！海菲！我是伊拉玛，请回答我！”

房间里仍然没有回音。他们一进屋，伊拉玛就看见那张放着鹅毛笔和墨水瓶的大写字台，写字台上还有另一件眼熟的东西：“看，这是海菲在罗马买的那只旧箱子！”

箱盖是打开的，里面装满了卷轴。“盖勒纳斯，海菲在每一卷卷轴的外面都编了号，编法和很久很久以前他得到的那些卷轴一模一样，如果不是因为我知道的话，我发誓我会以为是看到了柏萨罗在老爷还是个骆驼僮仆时传给他的那些卷轴。今天真的是充满奇迹的一天。”

伊拉玛将手伸进箱子，拿起标有罗马数字“X”的一卷，解开小绿丝带，慢慢展开羊皮纸。

“感谢上帝，”他微笑着将羊皮纸翻过来，让盖勒纳斯看到海菲的作品，“大推销员已经完成了他的使命，这是最后一卷。现在，我们去找他，然后就可以一起回家了，他应该不会走太远。”

他们从大门走出去，一路高喊着海菲的名字。等绕到屋后，他们第一次见到了那个用白圆石围成的圆圈。

“他在那里，”伊拉玛喊道，“他正靠在那个最大的圆石上赞美上帝。海菲！海菲！”

伊拉玛的动作，赶不上比他年轻些的伙伴。当他来到石头边时，原本跪着的盖勒纳斯已经站了起来，双手抬起，眼泪从他的脸颊上流下来，他抽泣着：“伊拉玛，我们的朋友已经死了。海菲终于和他心爱的丽莎在一起了。”

伊拉玛呻吟着，倒在地上，将他的主人已无生气的身体抱在胸前：“他的身体仍然很暖和，如果我们早一点到，就有可能救他了，他竟这样孤独地死了。噢，海菲，请您原谅我，请您可怜我吧！我竟然没能好好照顾您，我爱您，我真对不起，让您这样孤独地死去。”

一阵暖风突然吹了过来，盖勒纳斯跪在伊拉玛旁边，说道：“老账房，擦干你的眼泪，你的老爷死时并不孤单。”

“你什么意思？”伊拉玛继续轻抚着海菲的额头，哭喊道。

“老爷并不是在孤独中离开的，”盖勒纳斯重复道，“你看！”

由于深深的悲痛和震惊，刚刚他们俩谁也没有注意到，在这位世界上最伟大的推销员身上，竟包裹着一件红色的长袍……一件破旧的红色长袍。

结束语

结束……也是开始

毕业典礼的日子总是充满欢笑……直到主持人站起来提醒你“毕业是起点，而非终点”，你还有很多从未尽过的义务、从未担过的责任，你面前仍然有美妙的挑战和机会。

为了这张文凭，你花了不少时间，吃了不少苦头，现在你最不愿意听到的话就是：前途越来越坎坷。

同样，这些日子，你坚持不懈，终于写完了所有的成功记录表，读完了所有的成功誓言，现在你最不愿意听到的话就是：我为你计划了更多的工作、更多要读的书、更多的自我反省。

不管怎么样，那正是我要对你说的话！

既然你已经写完了成功记录表，我要你找出在开始这项计划前你悄悄写下的备忘录。那上面记着你渴望在完成计划后达到的薪水和职位。

我敢说，你一定比想象中的进步大得多。现在，我要你为下一年写一张类似的备忘录。如果你愿意，还可以加上其他一些具体目标，作为对你的勇气和辛苦的物质奖赏。譬如说，一次旅游、一部新车、一件送给亲人的礼物。

但是，与上次不同的是，现在你已经看完了这本书，熟知了羊皮卷上所有的内容，什么力量还能激励你继续前进呢？你可知现在我为你准备的计划吗？

在新一轮的十个月中，我希望你能阅读十二本最伟大的自我帮助、自我充实、自我激励的书。我得承认，对我来说，以“最伟大的”的名义列出任何十二本书都是很冒昧的举动，因为我的判断纯然是主观的。但是，近十年来，我一直致力于这方面的研究，几乎所有称得上“自我帮助”的著作我都进行了一番研究。从富兰克林的自传、英国塞缪尔·斯麦尔斯的《自我帮助》、马尔顿的《奋进》一直到布里斯托、卡耐基、希尔、皮尔、斯通的作品，以及以书名怪异著称的当代作家作品，如《如何激发体内的超自然力量从而有力地把握他人》。我读了数百本书，并认真研究了《无限的成功》杂志中的节选部分。

现在我打算推荐给你一份书单，免得你花费宝贵的时间去读一些垃圾文章。记住：那些以“如何……”开头的书不会让你成为百万富翁或者圣人的。

虽然有些书市面上已经无法见到，不过，你可以在附近的图书馆里找到它们。如果你以前不爱去图书馆，那么现在你应养成经常去图书馆的好习惯。

下面就是我为你推荐的书单。排列顺序不分先后，它们都非常值得一读。

十二本自我帮助的书：

《富兰克林自传》 本杰明·富兰克林著

《思考致富》 拿破仑·希尔著

《获取成功的精神因素》 W. 克莱门特·斯通与拿破仑·希尔合著

《信仰的力量》 路易斯·宾斯托克著

《最伟大的力量》 J. 马丁·科尔著

《我敢说你行》 威廉·丹佛著

《钻石宝地》 拉塞尔·H. 康维尔著

《爱的能力》 艾伦·弗洛姆著

《从失败到成功的销售经验》 弗兰克·贝特格著

《神奇的情感力量》 罗伊·加恩著

《思考的人》 詹姆斯·E. 艾伦著

怎么才十一本？你问道。第十二本早已搁在你的书架上，布满了灰尘，静静地在那里等候着你。它是所有自我帮助书籍的取之不尽的源泉。它就是《圣经》。

我希望今后你还能抽出一些时间回顾这本书的内容，因为那十张羊皮卷会让你温故知新，开卷有益。

现在是说再见的时候了，在此我想引用雷因霍尔德·尼布尔博士的一段话作为本书的结束语：

“没有一件值得一做的事情，可以马上完成；因此你需要希望。

“没有一样美丽的东西，可以在瞬间展现它的华彩；因此你需要信心。

“没有一件值得一做的事情，可以一个人完成；因此你需要爱。”

愿心平安！

译后记

有机会与读者交流，我们深感荣幸。

《世界上最伟大的推销员》英文版问世 45 年间，被译成 18 种语言，销售量突破千万。

本书之所以激起世界各地读者的广泛回应，其原因在于它照顾了读者追求个人幸福生活的内在渴望。本书看似一本指导推销员获得成功的书，但事实上远远不止于此。

这本书中的故事让我想起了一则和《圣经》有关的小故事。一个马车夫赶着一辆飞驰的马车匆匆而行。这时，一个陌生人出现在他的前方，请求搭车。马车夫急忙勒住缰绳，将马车停了下来，让搭车的人上来。原来，这个搭车人就是保罗，他看见马车夫手中的书，竟是一本《圣经》。于是他问道：“你明白书中讲的东西吗？”

马车夫摇了摇头，说："这本书我已经读了四五年了，还是不明白它的意思。"保罗听了，微笑着对马车夫说："这个不难，只要你认为自己能懂，那么你就看懂了。"马车夫恍然大悟，原来上帝之爱已经在他心中，因为他在自己疾行的途中还能停下来帮助别人。

本书中的故事也有异曲同工之妙。那位叫作海菲的少年一心想要推销掉袍子，好有机会成为伟大的商人，和自己心爱的人在一起，可是后来他却把这样一件于自己意义重大的袍子送给了一个陌生的婴孩。我们可以感受到少年本性的纯良，并由此受到启发：唯有爱才是幸福的根源。这本书的寓意正在于此，即通过自己追求幸福之路，在人间遍洒普世之爱。

虽然书中的故事发生在两千年前的耶稣时代，但羊皮卷所阐发的原则却是超越时空的，对今天的我们来说，仍然有着深刻的现实意义。我们倾听羊皮卷的启示，进行自身的实践，必能使人格得到完善。

安辽

2013 年 11 月